Der wichtigste Wortschatz – sofort mitreden

Sprechen wie ein echter Franzose

PONS

PONS

Sprechen wie ein echter Franzose

Der wichtigste Wortschatz – sofort mitreden

Bearbeitet von: Katrin Röhrer, Gabrielle Villard

Warenzeichen, Marken und gewerbliche Schutzrechte
Wörter, die unseres Wissens eingetragene Warenzeichen oder Marken oder sonstige gewerbliche Schutzrechte darstellen, sind als solche – soweit bekannt – gekennzeichnet. Die jeweiligen Berechtigten sind und bleiben Eigentümer dieser Rechte. Es ist jedoch zu beachten, dass weder das Vorhandensein noch das Fehlen derartiger Kennzeichnungen die Rechtslage hinsichtlich dieser gewerblichen Schutzrechte berührt.

1. Auflage 2012 (1,01 – 2012)

PONS Produktinfos und Shop: www.pons.de
E-Mail: info@pons.de
PONS Sprachenportal: www.pons.eu

Projektleitung: Gabriela Neumann
Einbandentwurf: Karin Hauptmann, Marion Köster, Stuttgart
Illustrationen: Vera Brüggemann
Logoentwurf: Erwin Poell, Heidelberg
Logoüberarbeitung: Sabine Redlin, Ludwigsburg
Satz: Marion Köster, Stuttgart
Druck: Print Consult GmbH, München
Printed in Slovak Republic

ISBN 978-3-12--517726-0

Inhalt

Abkürzungen im Buch:

abw	abwertend
ugs	umgangssprachlich
slang	Slang
vulg	vulgär
vulg!	sehr vulgär

Vorwort

Sie haben Französisch in der Schule oder in einem Kurs gelernt und verfügen über solide Grundkenntnisse? Sie finden sich in der Schriftsprache zurecht, stoßen aber an Ihre Grenzen wenn Sie die Menschen auf der Straße Französisch sprechen hören?

In der Reihe „Sprechen wie ein echter Franzose“ haben wir für Sie den wichtigsten Alltagswortschatz zusammengetragen, wie er nicht in den Schulbüchern steht, zu Themen, die aus dem wirklichen Leben gegriffen sind.

Bewusst haben wir auf Grammatikregeln verzichtet und uns darauf konzentriert was Sie brauchen um sofort Mitreden zu können: Hinweise für eine korrekte Aussprache und Beispielsätze, die Ihnen zeigen wie Sie jedes Wort im Zusammenhang richtig anwenden. Probieren Sie es aus und tauchen Sie auf Ihrer Reise noch schneller in die neue Sprache ein.

Viel Erfolg und viele schöne Begegnungen wünscht Ihnen

Ihre
PONS Redaktion

Lernst du noch oder sprichst du schon?

Wie gut sind deine Französischkenntnisse? Kennst du die wichtigsten Wörter auf Französisch? Mach diesen Test und finde es heraus!

1 Was bedeutet **salut!** nicht?

a Hallo!

b Gesundheit!

c Tschüss!

2 Was heißt **jemandem den Stinkefinger zeigen**?

a prendre quelqu'un sur le bras

b faire un doigt d'honneur à qn

c avoir quelqu'un sur les bras

3 Was bedeutet **Je lui donne trente berges, pas plus**?

a Ich geb dir 30 Riesen, nicht mehr.

b Ich habe 30 Freundinnen.

c Ich geb ihr dreißig Lenze, nicht mehr.

4 Welche ist die richtige Bezeichnung für **Knackarsch**?

a derrière

b cul

c petit cul

5 Wie sagt man, wenn jemand betrunken ist?

a déchiré

b lessivé

c gerber

6 Was bedeutet **la meuf**?

- **a** die Tante
- **b** die Knete
- **c** der Mief

7 Welches dieser Wörter hat nichts mit **saufen** zu tun?

- **a** chlâsse
- **b** picoler
- **c** belle-mère

8 Um rezeptpflichtige Medikamente in der Apotheke zu bekommen, brauchen Sie:

- **a** une recette
- **b** un reçu
- **c** une ordonnance

9 Welches dieser Wörter bedeutet nicht lieben?

- **a** amoureux
- **b** bécoter
- **c** aimer

10 Was bezeichnet man mit choc?

- **a** der Schock
- **b** Abkürzung von Schokolade
- **c** die Panik

Lösung: 1b, 2b, 3c, 4c, 5a, 6a, 7c, 8c, 9b, 10a

AUSWERTUNG

WENIGER ALS 3 RICHTIGE ANTWORTEN:
Du wirst schon bald richtig viele Wörter kennen, wenn du regelmäßig einen Blick in „Sprechen wie ein echter Fanzose“ wirfst – hier findest du alles, was du wissen musst.

3 BIS 6 RICHTIGE ANTWORTEN:
Nicht schlecht! Du kennst dich gut aus. Aber wetten, dass du in diesem Buch noch so einiges findest, was du bisher nicht gewusst hast?

7 BIS 10 RICHTIGE ANTWORTEN:
PONS gratuliert – du bist richtig gut! Aber man lernt nie aus, oder? Mit diesem Buch findest du heraus, ob du auch die anderen wichtigsten Wörter der Alltagssprache kennst!

Die richtige Aussprache

[a]	wie das deutsche *a*	artiste [aʀtist]
[ɑ]	hinteres *a*, etwa wie in *Rahm*	thé**â**tre [teɑtʀ]
[e]	geschlossenes *e*, etwa wie in geben	caf**é** [kafe] mang**er** [mɑ̃ʒe]
[ɛ]	offenes *ä*, etwa wie in *Ärger*	c'**est** bon [sɛbɔ̃]
[i]	geschlossener als das deutsche *i*	pap**y** [papi]
[ɔ]	offenes o, offener als in *Pforte*	pers**o**nnalité [pɛʀsɔnalite]
[o]	geschlossenes o, wie in *Rose*	bient**ôt** [bjɛ̃to]
[ø]	geschlossenes ö, etwa wie in *böse*	**jeu** [ʒø]
[œ]	offenes ö, bei kurzem Vokal, etwa wie in *Röcke*	**neu**f [nœf]
[ə]	der Laut liegt zwischen [œ] und [ø], näher bei [ø]	p**e**tit [p(ə)ti]
[u]	geschlossenes *u*, etwa wie in *Ufer*	bonj**ou**r [bɔ̃ʒuʀ]
[y]	ähnlich dem deutschen *ü* in *Tür*	cons**u**lat [kɔ̃syla]
[ɛ̃]	nasales [ɛ], offener als das deutsche [ɛ̃] in *Cousin*	**faim** [fɛ̃]
[ɔ̃]	nasales [o], etwa wie in *Bonbon*	m**on**tre [mɔ̃tʀ]
[ɑ̃]	nasales [a], etwa wie in *Restaurant*	m**em**bre [mɑ̃bʀ]
[œ̃]	nasales [œ], etwa wie in *Parfum*	vingt et **un** [vɛ̃teœ̃]
[j]	weicher als das deutsche *j*	fami**ll**e [famij]
[w]	flüchtiger [u]-Laut, bildet keine Silbe, gehört zum folgenden Vokal	m**o**itié [mwatje]
[ɥ]	flüchtiger [y]-Laut, gehört zum folgenden Vokal	h**u**it ['ɥit]
[f]	wie das deutsche *f* in *Fibel*, *Philosophie* etc.	**ph**armacie [faʀmasi]

[v]	wie das deutsche *w* in *werden*	fé**v**rier [fevʀije]
[s]	stimmloses, d.h. hartes s, wie z.B. in *Los*	**s**anté [sɑ̃te]
[z]	stimmhaftes, d.h. weiches s, wie in *summen*	**z**éro [zeʀo]
[ʃ]	stimmloses *sch* wie in *schön*	mo**che** [mɔʃ] **ch**oc [ʃɔk]
[ʒ]	stimmhaftes *sch* wie in *Journalist*	villa**ge** [vilaʒ]
[ɲ]	etwa wie in *Kognak*	mal des monta**gnes** [mal de mɔ̃taɲ]
[ŋ]	in Wörtern aus dem Englischen, z.B. in *tuning*	tuning [tyniŋ]

Die nicht erwähnten Konsonanten sind den deutschen sehr ähnlich.

Mein Name ist ...

Sich vorstellen

le nom
[nɔ̃] **der Name**
Il a un drôle de nom. Tanguy. ↔ *Er hat einen komischen Namen. Tanguy.*

le prénom
[pʀenɔ̃] **der Vorname**
C'est comment son prénom déjà ? ↔ *Wie war sein Vorname nochmal?*

le nom de famille
[nɔ̃ famij] **der Nachname**
Ton nom de famille me dit quelque chose. ↔ *Dein Nachname kommt mir sehr bekannt vor.*

Je m'appelle...
mein Name ist ...
Je m'appelle Lili et je voyage dans le monde avec mon sac à dos. ↔ *Mein Name ist Lili und ich reise durch die Welt mit meinem Rucksack.*

bonjour
[bɔ̃ʒuʀ] **Guten Tag.**
Bonjour. Ça va ? – On fait aller. ↔ *Guten Tag. Wie geht's? – Geht so.*

épeler
[ep(ə)le] **buchstabieren**
Tu peux l'épeler, s'il te plaît ? ↔ *Könntest du es nochmal buchstabieren?*

se présenter
[pʀezɑ̃te] **sich vorstellen**
Je me présente. Je m'appelle Georges. ↔ *Ich stelle mich vor. Ich heiße Georges.*

l'adresse
[adʀɛs] **die Anschrift**
Connais-tu la nouvelle adresse de Lili ? ↔ *Weißt du Lilis neue Adresse?*

habiter
[abite] **wohnen**
Elle habite à Lyon. ↔ *Sie wohnt in Lyon.*

crécher *ugs*
[kʀeʃe] **übernachten**
Je peux crécher chez toi pour quelques jours ? ↔ *Kann ich ein paar Tage bei dir pennen?*

la date de naissance
[datdənɛsɑ̃s] **das Geburtsdatum**
Pourquoi l'hôtel veut-il connaître ma date de naissance ? ↔ *Warum will das Hotel mein Geburtsdatum wissen?*

l'anniversaire
[anivɛʀsɛʀ] **der Geburtstag**
Tu as bien arrosé ton anniversaire ? ↔ *Hast du deinen Geburtstag ordentlich begossen?*

l'année
[ane] **das Jahr**
Elle s'est mariée l'année dernière. ↔ *Sie hat im vergangenen Jahr geheiratet.*

la nationalité
[nasjɔnalite] **die Staatsangehörigkeit**
J'ai la nationalité allemande. ↔ *Ich habe die deutsche Staatsangehörigkeit.*

l'étranger
[etʀɑ̃ʒe] **das Ausland**
Pour certains voyages à l'étranger, il faut un visa. ↔ *Für manche Auslandsreisen braucht man ein Visum.*

étranger
[etʀɑ̃ʒe] **étrangère**
ausländisch
Mon voisin a un petit accent étranger. ↔ *Mein Nachbar hat einen kleinen ausländischen Akzent.*

parler
[paʀle] **sprechen**
Je ne parle pas un mot d'anglais. ↔ *Ich spreche kein Wort Englisch.*

parler
[paʀle] **reden**
Elle m'a fait un sale coup, je ne lui parle plus. ↔ *Sie war fies zu mir, ich rede kein Wort mehr mit ihr.*

Quoi de neuf ? *Was gibt's Neues?*

répondre
[ʀepɔ̃dʀ] **antworten**
Tu pourrais me répondre quand je te parle. ↔ *Du könntest mir wenigstens antworten, wenn ich mit dir rede.*

comprendre
[kɔ̃pʀɑ̃dʀ] **verstehen**
Je te comprends très bien. ↔ *Ich verstehe dich sehr gut.*

se rencontrer
[ʀɑ̃kɔ̃tʀe] **sich kennenlernen**
On s'est rencontré à une soirée. ↔ *Wir haben uns auf einer Party kennen gelernt.*

l'élève
[elɛv] **der Schüler, die Schülerin**
Julia est une vraie fayote. L'élève du mois c'est encore elle ! ↔ *Julia ist voll die Streberin. Sie ist wieder Schülerin des Monats geworden!*

l'étudiant
[etydjɑ̃] **l'étudiante**
der Student, die Studentin
Tu connais l'étudiante sympa de deuxième année ? ↠ *Kennst du die nette Studentin aus dem dritten Semester?*

faire des études
studieren
Tu fais des études de quoi ? ↠ *Was studierst du?*

travailler
[tʀavaje] **arbeiten**
Elle travaille à Paris depuis deux ans. ↠ *Sie arbeitet seit zwei Jahren in Paris.*

le travail
[tʀavaj] **die Arbeit**
Le travail lui plaît dans ce bar. ↠ *Die Arbeit in dieser Bar macht ihr Spaß.*

le stage
[staʒ] **das Praktikum**
Il a décroché un stage chez World Company. ↠ *Er hat ein Praktikum bei World Company ergattert.*

Ce mec me débecte. Dieser Typ widert mich an.

Familie & Freunde

la femme
[fam] **die Frau**
Cette femme, c'est sa mère. ↠ *Diese Frau ist seine Mutter.*

la meuf *ugs*
[mœf] **die Tante** *ugs*
Cette meuf a l'air sympa. ↠ *Diese Tante macht einen netten Eindruck.*

l'homme
[ɔm] **der Mann**
Il est très bel homme. ↠ *Er ist ein sehr schöner Mann.*

le mec *ugs*
[mɛk] **der Typ**
T'as vu le mec de Lili ? Une vraie armoire à glace. ↠ *Hast du Lilis Typ gesehen? Ein richtiger Schrank.*

célibataire
[selibatɛʀ] **célibataire**
ledig
Il a quarante ans et est encore célibataire. ↠ *Er ist vierzig Jahre alt und noch ledig.*

maqué *ugs*
[make] **maquée** **vergeben**
Il est pas mal. Tu sais s'il est maqué ? ↔ *Der ist ja süß! Weißt du, ob der schon vergeben ist?*

fiancé
[fjɑ̃se] **fiancée** **verlobt**
Nous sommes fiancés depuis deux semaines. ↔ *Wir sind seit zwei Wochen verlobt.*

marié
[maʀje] **mariée** **verheiratet**
T'as pas vu sa bague ? Elle est mariée. ↔ *Hast du ihren Ring nicht gesehen? Sie ist verheiratet.*

divorcé
[divɔʀse] **divorcée**
geschieden
Judith est divorcée et heureuse. ↔ *Judith ist geschieden und glücklich.*

veuf
[vœf, vœv] **veuve**
verwitwet
Ma voisine est veuve.
↔ *Meine Nachbarin ist verwitwet.*

J'ai la cote avec les voisines. Ich steh bei den Nachbarinnen hoch im Kurs.

la famille
[famij] **die Familie**
Alex vit dans une famille recomposée. ↔ *Alex lebt in einer Patchworkfamilie.*

le mari
[maʀi] **der (Ehe)man**
Elle accompagne son mari dans toutes les cérémonies officielles. ↔ *Sie begleitet ihren Ehemann zu allen offiziellen Festlichkeiten.*

la femme
[fam] **die (Ehe)frau**
Il aime cuisiner pour sa femme. ↔ *Er bekocht seine Frau sehr gern.*

le copain
[kɔpɛ̃] **copine der Freund, die Freundin**
C'est le nouveau copain de Denise. ↠ *Das ist der neue Freund von Denise.*

le compagnon
[kɔ̃paɲɔ̃] **compagne der Lebenspartner**
Voilà Michaël et sa compagne, Catherine. ↠ *Das ist Michaël und seine Partnerin Catherine.*

les parents
[paʀɑ̃] **die Eltern**
Il faut que je range ma piaule, mes parents me rendent visite. ↠ *Ich muss meine Bude aufräumen, meine Eltern kommen zu Besuch.*

les vieux *ugs*
[vjø] **die Alten** *ugs*
Mes vieux me gonflent ! ↠ *Meine Alten gehen mir voll auf den Sack!*

la mère
[mɛʀ] **die Mutter**
Il a écrit à sa mère. ↠ *Er hat seiner Mutter geschrieben.*

la reum *ugs*
[ʀœm] **die Ma** *ugs*
Ma reum m'énerve grave ! ↠ *Meine Ma nervt ganz schön!*

le père
[pɛʀ] **der Vater**
Mon père fait un tour en moto tous les week-ends. ↠ *Mein Vater macht jedes Wochenende eine Motorradtour.*

le paternel *ugs*
[patɛʀnɛl] **der Alte** *ugs*
Faut demander l'autorisation au paternel. ↠ *Ich muss erst meinen Alten um Erlaubnis fragen.*

les enfants
[ɑ̃fɑ̃] **die Kinder**
Ils veulent cinq enfants. ↠ *Sie wollen fünf Kinder.*

la fille
[fij] **die Tochter**
Ma fille s'est fait tatouer à 16 ans. ↠ *Meine Tochter hat sich mit 16 ein Tatoo machen lassen.*

In französischen Hotels verstehen sich die Preise pro Zimmer, und nicht etwa pro Person. Einzelne Bettdecken sind auf Doppelbetten unüblich. Stattdessen erwatet euch die kuschligere Variante: das Doppelbett wird mit einer großen Bettdecke für zwei Personen bezogen.

le fils
[fis] **der Sohn**
A 19 ans, le fils d'Alex a mal tourné. ↔ *Der Sohn von Alex ist mit 19 auf die schiefe Bahn geraten.*

le gamin *ugs*
[gamɛ̃] **gamine** **das Kiddie** *ugs*
Ils ont trois gamins. ↔ *Sie haben drei Kids.*

le gosse *ugs*
[gɔs] **gosse** **das Kind**
Leur troisième gosse est en route. ↔ *Ihr drittes Kind ist unterwegs.*

la sœur
[sœʀ] **die Schwester**
J'ai une petite sœur. ↔ *Ich habe eine jüngere Schwester.*

le frère
[fʀɛʀ] **der Bruder**
Le frère de Kate est médecin. ↔ *Kates Bruder ist ein Arzt.*

le frangin
[fʀɑ̃ʒɛ̃] **frangine**
das Bruderherz, das Schwesterherz
Comment va ton frangin ? ↔ *Wie geht's denn deinem Bruderherz?*

la belle-mère
[bɛlmɛʀ] **die Schwiegermutter**
Elle peut pas piffer sa belle-mère. ↔ *Sie kann ihre Schwiegermutter nicht ausstehen.*

le beau-père
[bopɛʀ] **der Schwiegervater**
Son beau-père est plutôt cool. ↔ *Sein Schwiegervater ist ziemlich cool.*

la tante
[tɑ̃t] **die Tante**
Sa tante a l'air sympa. ↔ *Ihre Tante macht einen netten Eindruck.*

l'oncle
[ɔ̃kl] **der Onkel**
C'est l'oncle de Michaël. ↔ *Das ist der Onkel von Michael.*

la mamie
[mami] **die Oma**
Ce soir on dort chez mamie. ↔ *Heute Abend übernachten wir bei Oma.*

la grand-mère
[gʀɑ̃mɛʀ] **die Großmutter**
La grand-mère est complètement dans le cirage. ↔ *Die Großmutter blickt überhaupt nicht mehr durch.*

le papy
[papi] **der Opa**
Lulu fait du jardinage avec son papy. → *Lulu arbeitet mit seinem Opa im Garten.*

le grand-père
[ɡʀɑ̃pɛʀ] **der Großvater**
Son grand-père est en maison de retraite. → *Ihr Großvater ist im Altersheim.*

les amis
[ami] **die Freunde**
Ils ont plein d'amis. → *Sie haben viele Freunde.*

l'amitié
[amitje] **die Freundschaft**
Notre amitié dure depuis l'école primaire. → *Unsere Freundschaft besteht seit der Grundschule.*

le pote *ugs*
[pɔt] **pote der Kumpel** *ugs*
Je te présente mon pote Marcel. → *Hier stell ich dir meinen Kumpel Marcel vor.*

le vieux *ugs*
[vjø] **vieille der Alter**
Là mon vieux, tu l'as dans le baba ! → *Na Alter, jetzt hast du dich aber ganz schön verarschen lassen!*

vieux
[vjø] **vieille alt**
Je suis trop vieux pour cela. → *Dafür bin ich zu alt.*

jeune
[ʒœn] **jeune jung**
Tu parais plus jeune que ton âge. → *Du wirkst jünger als du es bist.*

Tu m'énerves !
Du nervst!

beau
[bo] **belle schön**
Son fils est très beau. → *Sein Sohn ist sehr schön.*

moche *ugs*
[mɔʃ] **moche hässlich**
Je suis trop moche avec cette nouvelle coupe. → *Mit meinem neuen Schnitt seh ich voll hässlich aus.*

petit
[p(ə)ti] **petite klein**
Elle est plus petite que son frère. → *Sie ist kleiner als ihr Bruder.*

grand
[grand] **grande groß**
C'est un homme très grand et mince. → *Er ist ein sehr großer, schlanker Mann.*

sympa *ugs*
[sɛ̃pa] **sympa** **nett**
Elle a l'air sympa, mais un peu coincée. ↔ *Sie scheint nett zu sein, nur etwas verklemmt.*

taré *ugs*
[taʀ] **tarée** **crazy** *ugs*
Ils sont complètement tarés. ↔ *Die sind völlig crazy.*

chouette *ugs*
[ʃwɛt] **chouette** **toll** *ugs*
Ton père c'est un chouette type. ↔ *Dein Vater ist ein toller Kerl.*

drôle
[dʀol] **drôle** **witzig**
Son nouveau copain est très drôle. ↔ *Ihr neuer Freund ist sehr witzig.*

Das Wichtigste in Kürze

En famille	In der Familie
la smala	*die Sippe/Sippschaft*
la mifa *ugs*	*die Familie*
mes vieux	*meine Alten*
mes viocs	*meine Ollen*
mes remps/rempas *ugs*	*meine Eltern*
le pater/darron/vieux/ parternel	*der Alte (Vater)*
mon reup *ugs*	*mein Vater*
la daronne	*die Alte (Mutter)*
ma reum *ugs*	*meine Mutter*
la mère poule	*die Glucke*
la marâtre *abw*	*die Stiefmutter/Rabenmutter*
le frangin	*das Bruderherz*
mon reuf *ugs*	*mein Bruder*
la frangine	*das Schwesterherz*
ma reus *ugs*	*meine Schwester*
la belle-doche *abw*	*der Schwiegerdrachen*
le beauf	*der Schwager*
le mioche/chiard	*das Balg/Gör*
la mère grand	*die Oma*
Eh, cousin !/Eh, cousine !	*Hey, Kumpel!*
ma meuf *ugs*/ma nana	*meine Frau/Tussi*
mon keum *ugs*/mon mec	*mein Mann/Typ*
le/la pote	*der Freund/Kumpel/die Freundin*

le poteau, poto	*der Freund/Kumpel*
la pineco *ugs*	*die Freundin*
la bourgeoise/légitime	*die Ehefrau*
la maîtresse	*die Geliebte*
l'aide-mari	*der Geliebte/Liebhaber*

Faire connaissance	Sich kennenlernen
saluer	*begrüßen*
Bonjour !	*Guten Morgen!* *Guten Tag!*
Bonsoir !	*Guten Abend!*
Salut !	*Hallo!* *Grüß dich!*

Questionner sur l'état de santé	Nach dem Befinden fragen
Comment allez-vous ?	*Wie geht es Ihnen?*
Comment vas-tu ?	*Wie geht es dir?*
Comment ça va ?	*Wie geht's?*
Bien, merci. Et vous ?	*Gut danke. Und Ihnen?*
Bien, merci. Et toi ?	*Gut danke. Und dir?*

Se présenter	Sich vorstellen
Puis-je me présenter ?	*Darf ich mich vorstellen?*
Je m'appelle Marie.	*Mein Name ist Marie.* *Ich heiße Marie.* *Ich bin Marie.*
Comment vous appelez-vous, s'il vous plaît ?	*Wie ist Ihr Name, bitte?*
Comment tu t'appelles ?	*Wie heißt du?*
Enchanté(e) !	*Sehr angenehm!*
Enchanté(e) de faire votre connaissance.	*Freut mich, Sie kennen zu lernen.*

On m'a déjà beaucoup parlé de vous.	*Ich habe schon viel von Ihnen gehört.*

Prendre congé	**Sich verabschieden**
Au revoir !	*Auf Wiedersehen!*
Salut !	*Tschüss!*
À la prochaine !	*Bis zum nächsten Mal!*
À plus tard !	*Bis später!*
À demain !	*Bis morgen!*
A la semaine prochaine !	*Bis nächste Woche!*
À bientôt !	*Bis bald!*
Bon voyage !	*Gute Reise!*
Bonne nuit !	*Gute Nacht!*
Bonne soirée !	*Einen schönen Abend noch!*

Remercier	**Sich bedanken**
Merci !	*Danke!*
Merci bien !	*Danke sehr!*
Merci beaucoup !	*Danke schön!* *Vielen Dank!*
Mille fois merci !	*Tausend Dank!*
Je vous en prie !	*Bitte!*
Je t'en prie !	*Bitte schön!*
C'était avec plaisir !	*Gern geschehen!*
De rien !	*Keine Ursache!*
Je vous en prie. C'est tout naturel !	*Aber bitte, das ist doch nicht der Rede wert!*

S'excuser	**Sich entschuldigen**
Excusez-moi !/Excuse-moi !	*Entschuldigung!*
Je suis désolé(e).	*Es tut mir leid.*
Ce n'est pas ce que j'ai voulu dire.	*Es war nicht so gemeint.*

Ça ne fait rien !	*Das macht doch nichts!*
Ce n'est pas grave !	*Keine Ursache !*

Faire des compliments — Komplimente machen

Tu as bonne mine. Oh, merci !	*Du siehst gut aus. Oh, danke!*
Vous savez que vous dansez merveilleusement?	*Wissen Sie, dass Sie wunderbar tanzen?*
Je vous trouve très sympathique.	*Ich finde Sie sehr sympathisch.*
Le repas était excellent !	*Das Essen war ausgezeichnet!*
C'est vraiment fantastique ici !	*Es ist wirklich traumhaft hier!*
Ça a l'air très bien !	*Das sieht gut aus!*
Cette robe vous va bien.	*Dieses Kleid steht Ihnen.*
Vous parlez très bien allemand.	*Sie sprechen sehr gut Deutsch.*

Flirter — Flirten

Tu as des yeux magnifiques.	*Du hast wunderschöne Augen.*
J'aime bien quand tu ris.	*Mir gefällt wie du lachst.*
Tu me plais.	*Du gefällst mir./Ich mag dich.*
Je te trouve absolument super !	*Ich finde dich ganz toll!*
Je t'aime.	*Ich liebe dich.*
Tu as un copain/une copine ?	*Hast du einen festen Freund/eine feste Freundin?*
Tu es marié ?	*Bist du verheiratet?*
Je suis divorcé(e).	*Ich bin geschieden.*
Je suis séparé(e).	*Ich lebe getrennt.*
Tu viens chez moi ?	*Kommst du mit zu mir?*
Non, c'est trop rapide !	*Nein, das geht mir zu schnell!*

Von Kopf bis Fuß

Der Körper

le corps
[kɔʀ] **der Körper**
Elle fait beaucoup de sport pour entretenir son corps. ↔ *Sie macht viel Sport um ihren Körper fit zu halten.*

la tête
[tɛt] **der Kopf**
Je me suis cogné la tête. ↔ *Ich habe mir den Kopf gestoßen.*

Jacqueline lui a tourné la tête. Jacqueline hat ihm den Kopf verdreht.

les cheveux
[sɛʃʃəvø] **das Haar**
Il a les cheveux frisés. ↔ *Er hat lockiges Haar.*

les poils
[pwal] **die Haare**
Mon copain a tellement de poils sur le torse, il ressemble à un ours. ↔ *Mein Freund hat so viele Haare auf der Brust, er sieht aus wie ein Bär.*

le visage
[vizaʒ] **das Gesicht**
Elle a un joli visage avec des traits très fins. ↔ *Sie hat ein hübsches Gesicht mit sehr feinen Zügen.*

l'oreille
[ɔʀɛj] **das Ohr**
Elle lui lèche l'oreille. ↔ *Sie leckt ihm das Ohr.*

l'œil
[œj] **das Auge**
Il est trop timide pour la regarder dans les yeux. ↔ *Er ist zu schüchtern, um ihr in die Augen zu schauen.*

le nez
[ne] **die Nase**
Ton nez est tout rouge de froid. ↔ *Deine Nase ist ganz rot vor Kälte.*

la bouche
[buʃ] **der Mund**
Ce n'est pas poli de parler la bouche pleine. ↔ *Es ist nicht höflich, mit vollem Mund zu sprechen.*

la lèvre
[lɛvʀ] **die Lippe**
Ses lèvres sont si douces.
↔ *Seine Lippen sind so zart.*

le cou
[ku] **der Hals**
Quand ils se sont enfin revus, elle lui a sauté au cou. ↔ *Als sie sich endlich wiedersahen, ist sie ihm um den Hals gefallen.*

l'épaule
[epol] **die Schulter**
J'aime les hommes larges d'épaules. ↔ *Ich mag Männer mit breiten Schultern.*

le bras
[bʀa] **der Arm**
Prends-moi dans tes bras !
↔ *Nimm mich in den Arm!*

la main
[mɛ̃] **die Hand**
Elle a de très belles mains.
↔ *Sie hat sehr schöne Hände.*

le doigt
[dwa] **der Finger**
Thomas s'est cassé un doigt. ↔ *Thomas hat seinen Finger gebrochen.*

l'annulaire
[anylɛʀ] **der Ringfinger**
Tu as une nouvelle bague à l'annulaire ? ↔ *Hast du einen neuen Ring an deinem Ringfinger?*

Il m'a fait un doigt, et s'est tiré en vitesse. **Er hat mir den Stinkefinger gezeigt und ist schnell abgedampft.**

le torse
[tɔʀs] **die Brust**
Il a un torse très musclé. ↔ *Er hat eine(n) muskulöse(n) Brust(korb)*

la poitrine
[pwatʀin] **der Busen**
Ce soutien-gorge lui fait une jolie poitrine. ↔ *Dieser BH macht ihr einen schönen Busen.*

le mamelon
[mam(ə)lɔ̃] **die Brustwarze**
Chez l'homme et la femme, le mamelon réagit fortement au toucher. ↔ *Die Brustwarze bei Mann und Frau reagiert sehr stark auf Berührungen.*

le ventre
[vɑ̃tʀ] **der Bauch**
J'adore son gros ventre douillet. ↔ *Ich liebe seinen dicken gemütlichen Bauch.*

les tablettes de chocolat
der Waschbrettbauch *ugs*
Quand il est nu, on voit ses tablettes de chocolat. ↔ *Wenn er nackt ist, sieht man seinen Waschbrettbauch.*

le sexe
[sɛks] **der Penis**
Son sexe n'est pas en érection. ↔ *Sein Penis ist nicht steif.*

le membre
[mɑ̃bʀ] **das Glied**
Son membre était plus qu'impressionnant. ↔ *Sein Glied war mehr als beeindruckend.*

Il est assez porté sur la teub. Er ist ziemlich schwanzgesteuert.

la bite *vulg*
[bit] **der Schwanz** *vulg*
Sa bite était minuscule, c'était vraiment décevant. ↔ *Sein Schwanz war winzig, es war echt enttäuschend.*

le sexe
[sɛks] **die Scheide**
Le sexe de la femme a de nombreuses appellations vulgaires. ↔ *Für Scheide gibt es viele vulgäre Bennenungen.*

la teucha *vulg*
[tœʃ] **die Muschi** *vulg*
Est-ce que les blondes ont la teucha blonde ? ↔ *Haben Blondinen eine blonde Muschi?*

le poil pubien
[pwalpybjɛ̃] **das Schamhaar**
Elle s'est rasé tous les poils pubiens. ↔ *Sie hat sich alle Schamhaare abrasiert.*

le derrière
[dɛʀjɛʀ] **der Hintern**
Dans ses rêves, il s'imaginait son derrière bien proportionné. ↔ *Er stellte sich in seinen Träumen immer ihren wohlgeformten Hintern vor.*

le cul *ugs*
[ky] **der Arsch** *vulg*
Le mec a un cul d'enfer. ↔ *Der Typ hat aber einen geilen Arsch.*

le petit cul *ugs*
[p(ə)tiky] **der Knackarsch** *vulg*
Il aimerait bien contempler ce petit cul de plus près. ↔ *Diesen Knackarsch würde er gerne mal aus der Nähe betrachten.*

le dos
[do] **der Rücken**
Il n'a plus mal au dos. ↔ *Er hat keine Rückenschmerzen mehr.*

la peau
[po] **die Haut**
Sa peau est joliment dorée. ↔ *Ihre Haut ist schön gebräunt.*

la chair de poule
[ʃɛʀdəpul] **die Gänsehaut**
Quand il lui caresse le dos, elle a la chair de poule. ↔ *Wenn er ihren Rücken streichelt, bekommt sie eine Gänsehaut.*

la jambe
[ʒɑ̃b] **das Bein**
Sa copine a des jambes longues comme ça. ↔ *Seine Freundin hat wirklich Beine bis zum Boden.*

le pied
[pje] **der Fuß**
Elle a de tout petits pieds. ↔ *Sie hat winzige Füße.*

l'orteil
[ɔʀtɛj] **der Zeh**
Le gros orteil est enflé. ↔ *Der große Zeh ist geschwollen.*

Gesund-heit

en bonne santé
[ɑ̃bɔnsɑ̃te] **gesund**
Tout va bien. Il est en bonne santé. ↔ *Alles in Ordnung. Er ist gesund.*

en forme
[ɑ̃fɔʀm] **fit**
Elle se sent en forme aujourd'hui. ↔ *Heute fühlt sie sich fit.*

malade
[malad] **krank**
Je ne me sens pas bien, je crois que je suis malade. ↔ *Ich fühle mich nicht wohl, ich glaube, ich bin krank.*

Bon rétablissement ! Gute Besserung!

la maladie
[maladi] **malade**
die Krankheit
Je ne sais pas de quelle maladie il s'agit. ↔ *Ich weiß nicht, was das für eine Krankheit ist.*

l'accident
[aksidɑ̃] **der Unfall**
Il n'y a pas eu de victimes dans cet accident d'avion. ↔ *Es gab keine Todesopfer bei diesem Flugzeugunfall.*

la brûlure
[bʀylyʀ] **die Verbrennung**
C'est une brûlure du premier degré. ↔ *Es ist eine Verbrennung ersten Grades.*

la douleur
[dulœʀ] **der Schmerz**
La douleur est insupportable. ↔ *Der Schmerz lässt sich nicht aushalten.*

la blessure
[blesyʀ] **die Verletzung**
La blessure n'est pas grave. ↔ *Die Verletzung ist nicht schlimm.*

faire mal
[fɛʀ mal] **schmerzen**
J'ai mal aux pieds. ↔ *Mir schmerzen die Füße.*

dangereux
[dɑ̃ʒʀø] **dangereuse**
gefährlich
Il est dangereux de faire du ski hors piste. ↔ *Es ist gefährlich, abseits der Piste Ski zu fahren.*

Attention ! Danger ! Vorsicht! Gefahr!

se blesser
[sə blese] **sich verletzen**
Arrête ! Tu pourrais te blesser ! ↔ *Hör auf damit! Du könntest dich noch verletzen!*

la plaie
[plɛ] **die Wunde**
La plaie est vraiment répugnante. ↔ *Die Wunde sieht wirklich eklig aus!*

le sang
[sɑ̃] **das Blut**
Je ne supporte pas la vue du sang. ↔ *Wenn ich Blut sehe, wird mir schlecht.*

le médecin
[medsɛ̃] **der Arzt, die Ärztin**
Est-ce que le médecin parle aussi allemand ? ↔ *Spricht die Ärztin auch Deutsch?*

l'hôpital
[ɔpital] **das Krankenhaus**
Thomas doit rester deux jours à l'hôpital. ↔ *Thomas muss zwei Tage lang im Krankenhaus bleiben.*

les urgences
[yʀʒɑ̃s] **die Notaufnahme**
Où se trouvent les urgences ? ↔ *Wo befindet sich die Notaufnahme?*

la pharmacie
[faʀmasi] **die Apotheke**
La pharmacie de l'aéroport est ouverte tous les jours. ↔ *Die Apotheke am Flughafen hat jeden Tag auf.*

la pharmacie de garde
[faʀmasi də gaʀd] **die Bereitschaftsapotheke**
La pharmacie de garde la plus proche est à la gare. ↔ *Die nächste Bereitschaftsapotheke ist am Bahnhof.*

l'ordonnance
[ɔʀdɔnɑ̃s] **das Rezept**
Pour ce médicament, vous avez absolument besoin d'une ordonnance. ↔ *Für dieses Medikament brauchen Sie unbedingt ein Rezept.*

le médicament
[medikamɑ̃] **das Arznei(mittel)**
Ce sont des médicaments sans ordonnance. ↔ *Das sind nicht-verschreibungspflichtige Arzneien.*

l'antibiotique
[ɑ̃tibjɔtik] **das Antibiotikum**
Le médecin m'a prescrit un antibiotique. ↔ *Der Arzt hat mir ein Antibiotikum verschrieben.*

la pommade
[pɔmad] **die Salbe**
La pommade fait des miracles ! ↔ *Die Salbe wirkt Wunder!*

le cachet
[kaʃɛ] **die Tablette**
Quelle gueule de bois ! Il me faut d'urgence un cachet. ↔ *So ein Kater! Ich brauche dringend eine Tablette.*

la vaccination
[vaksinasjɔ̃] **die Impfung**
Contre ça, seule la vaccination est efficace. ↔ *Dagegen hilft nur eine Impfung.*

le mal de tête
[mal də tɛt] **die Kopfschmerzen**
J'ai très mal à la tête. ↔ *Ich habe starke Kopfschmerzen.*

le mal de mer

[ləmaldəmɛʀ] **die Seekrankheit**

En bateau, il a le mal de mer. ↠ *Ich fühle mich nicht wohl, ich habe die Seekrankheit.*

la diarrhée

[djaʀe] **der Durchfall**

Ne buvez pas l'eau du robinet, vous risquez d'avoir la diarrhée. ↠ *Trinken Sie das Leitungswasser nicht, sonst laufen Sie Gefahr, Durchfall zu bekommen.*

allergique

[alɛʀʒik] **allergique**
allergisch

Je suis allergique aux pollens. ↠ *Ich bin gegen Pollen allergisch.*

guérir

[geʀiʀ] **genesen, gesund werden**

Dormir t'aidera à guérir. ↠ *Ein bisschen Schlaf hilft dir zu genesen.*

aller mieux

[alemjø] **besser (werden)**

Maintenant je vais mieux. ↠ *Mir geht es jetzt besser.*

s'aggraver

[agʀave] **schelchter (werden)**

La blessure s'est aggravée. ↠ *Die Verletzung ist schlechter geworden.*

In Frankreich ist FKK nicht so verbreitet wie in Deutschland. Erwarte also keinen FKK-Abend im Stadtschwimmbad oder FKK-Zone auf der Wiese. Die Franzosen sind in der Hinsicht ein südliches Volk – eher prüde.

Das Wichtigste in Kürze

Parties du corps	Körperteile
le tronc/la carcasse	*der Körper/der Body*
la carrosserie	*der sexy Body/sexy Körper*
le châssis	*das Fahrgestell/der sexy Körper*
le ciboulot/citron/caisson	*das Hirn/die Birne*
Il a rien dans le crâne !	*Er hat nichts in der Birne!*
la caboche	*der Kopf/Schädel*
les méninges	*das Hirn*
la gueule	*das Maul/Gesicht*
Arrête de faire la gueule !	*Mach nicht so ein Gesicht!/ Sei nicht sauer!*
la face/la figure	*das Gesicht*
la frimousse	*das (Puppen-)/(Kinder)gesicht*
le minois	*das Gesichtchen*
Il a une bonne bouille...	*Er sieht nett aus ...*
la gueule/trombine/trogne	*das Maul/die Fresse/Visage*
Il tire toujours une de ces tronches...	*Der zieht immer ein Gesicht ...*
les menottes/paluches/pat oches/pattes	*die (Patsch) händchen/Flossen/Pfoten*
Le chef est venu me serrer la pince.	*Der Boss hat mir die Hand/Flosse geschüttelt.*
les abattis/allonges	*die Glieder/Knochen*
le biscoto/biscoteau	*der Bizeps*
le buffet	*der Oberkörper/Magen*
les lolos/nibards/roberts/ nénés/nichons	*die Möpse/Titten*

les airbags	*die Möpse*
les eins *ugs*	*die Möpse/Brüste*
les pectos	*die Brustmuskeln*
la bedaine	*der Bierbauch*
le bidon	*der Bauch/die Wampe*
le cul	*der Arsch*
le postérieur/derrière/baba	*der Hintern/das Hinterteil*
les fesses/miches	*der Hintern/Allerwerteste*
les seufs *ugs*	*der Hintern/Allerwerteste*
le fion/le derche/croupion *vulg*	*der Arsch*
la guibole/béquille/gambette	*die Haxe/das Beinchen*
les échasses	*die Stelzen*
les pattes/petons	*die Füße*
le laideron/le thon	*die hässliche Krabbe/die Vogelscheuche/der hässliche Frosch*
le canon	*der Hammer*
Elle est trop bonne !	*Die ist voll geil!*
Mate un peu la bebom ! *ugs*	*Guck dir mal die hammergeile Braut an!*
Mate un peu le gossebeau ! *ugs*	*Guck dir mal den hammergeilen Typen an!*

Gefühle und Eigen-schaften

Positive Gefühle

le caractère
[kaʀaktɛʀ] **der Charakter**
Ta nouvelle copine a bon caractère. ↔ *Deine neue Freundin hat keinen einfachen Charakter.*

la personnalité
[pɛʀsɔnalite] **die Persönlichkeit**
Une drôle de personnalité ! ↔ *Eine einzigartige Persönlichkeit!*

la qualité
[kalite] **die gute Eigenschaft**
Sa qualité principale est la patience. ↔ *Seine wichtigste Eigenschaft ist Geduld.*

se comporter
[kɔ̃pɔʀte] **sich verhalten**
Les enfants se sont bien comportés pendant la cérémonie. ↔ *Die Kinder haben sich während der Feierlichkeit ordentlich verhalten.*

se sentir
[sɑ̃tiʀ] **sich fühlen**
Après le repas, il ne se sentait pas bien. ↔ *Nach dem Essen fühlte er sich nicht wohl.*

rire
[ʀiʀ] **lachen**
Le dîner était réussi, nous avons ri toute la soirée. ↔ *Das Essen war ein voller Erfolg, wir haben den ganzen Abend gelacht.*

heureux
[øʀø] **heureuse glücklich**
Qu'est-ce qu'il leur faut encore ? Ils ont tout pour être heureux. ↔ *Was brauchen sie denn noch? Sie haben alles, um glücklich zu sein.*

Bonne chance !
Viel Glück!

content
[kɔ̃tɑ̃] **contente zufrieden**
Je suis très contente de mon nouveau job. ↔ *Ich bin mit meinem neuen Job sehr zufrieden.*

être content
[ɛ̃tʀ kɔ̃tɑ̃] **être contente**
sich freuen
Je suis content de te revoir. ↔ *Ich freue mich, dich wiederzusehen.*

sympathique
[sɛ̃patik] **sympathique**
sympathisch
Il ne m'est pas sympathique du tout. ↔ *Er ist mir überhaupt nicht sympathisch.*

apprécié
[apʀesje] **appréciée**
beliebt
Il est très apprécié de ses collègues. ↔ *Er ist sehr beliebt bei seinen Kollegen.*

drôle
[dʀol] **drôle** **lustig**
Il raconte toujours des histoires drôles. ↔ *Er erzählt immer lustige Geschichten.*

Ta blague était très bonne. Dein Witz war richtig gut.

comique
[kɔmik] **comique** **komisch**
Ce spectacle est vraiment comique. ↔ *Dieses Schauspiel ist wirklich komisch.*

Amuse-toi bien! Viel Spaß!

gentil
[ʒɑ̃ti(ij)] **gentille** **nett**
Mon voisin est un petit vieux très gentil. ↔ *Mein Nachbar ist ein sehr netter, kleiner Alter.*

aimable
[ɛmabl] **aimable** **freundlich**
Merci monsieur, c'est très aimable de votre part. ↔ *Danke der Herr, dass ist sehr freundlich von Ihnen.*

beau, bel
[bo, bɛl] **belle** **schön**
Il a un très beau sourire. ↔ *Er hat ein sehr schönes Lächeln.*

intelligent
[ɛ̃teliʒɑ̃] **intelligente**
intelligent
Elle est très intelligente, tu verras. ↔ *Du wirst sehen, sie ist sehr intelligent.*

astucieux
[astysjø] **astucieuse**
schlau
C'est astucieux de sa part. ↔ *Das ist schlau vom ihm.*

Arrête de faire ton Monsieur-Je-Sais-Tout. Hör schon auf, einen auf Klugscheißer zu machen.

avisé
[avize] **avisée** **klug**
C'est un homme d'affaires très avisé. ↔ *Er ist ein sehr kluger Geschäftsmann.*

génial
[ʒenjal] **géniale** **genial**
Cette fille est vraiment géniale. ↔ *Das Mädel ist echt genial.*

formidable
[fɔʀmidabl] **formidable**
toll
Il a toujours des idées formidables. ↔ *Er hat immer tolle Ideen.*

merveilleux
[mɛʀvɛjø] **merveilleuse**
wunderbar
Nous avons fait un merveilleux voyage en Italie. ↔ *Wir haben eine wunderbare Reise nach Italien gemacht.*

soigneux
[swaɲø] **soigneuse**
sorgfältig
Il est très soigneux dans son travail. ↔ *Er ist sehr sorgfältig bei seiner Arbeit.*

prudent
[pʀydɑ̃] **prudente**
vorsichtig
Sois prudent, les routes sont très glissantes. ↔ *Fahr vorsichtig – die Straßen sind sehr glatt.*

raisonnable
[ʀɛzɔnabl] **raisonnable**
vernünftig
Ils ont pris une décision raisonnable. ↔ *Sie haben eine vernünftige Entscheidung getroffen.*

surpris
[syʀpʀɑ̃] **surprise** **überrascht**
Ne fais pas ton surpris ! Tu le savais déjà ! ↔ *Tu nicht so überrasch! Du wusstest es bereits!*

complètement
[kɔ̃plɛtmɑ̃] **völlig**
Le malade est complètement guéri. ↔ *Der Kranke ist völlig geheilt.*

plaire
[plɛʀ] **gefallen**
Cette peinture me plaît beaucoup. ↔ *Dieses Gemälde gefällt mit gut.*

aimer
[eme] **lieben, mögen**
Je t'aime comme au premier jour. ↔ *Ich liebe dich wie am ersten Tag.*

amoureux
[amuRø] **verliebt**
Elle est amoureuse de son voisin de palier. ↔ *Sie ist in den Nachbarn auf ihrer Etage verliebt.*

tomber amoureux
[tɔ̃be-] **tomber amoureuse** **sich verlieben**
Elle est tombée éperdument amoureuse de lui. ↔ *Sie hat sich unsterblich in ihn verliebt.*

J'en pince pour mon meilleur ami. **Ich bin total in meinen besten Freund verschossen.**

l'amour
[amuR] **amoureuse**
die Liebe
Elle était son grand amour. ↔ *Sie war seine große Liebe.*

Negative Gefühle

le défaut
[defo] **die negative Eigenschaft**
La curiosité est son plus gros défaut. ↔ *Neugier ist seine schlimmste Eigenschaft.*

bavard
[bavaR] **bavarde** **redselig**
Il est gentil, mais qu'est-ce qu'il est bavard ! ↔ *Er ist nett, aber unglaublich redselig.*

moche *ugs*
[mɔʃ] **moche** **hässlich**
Elle le trouve moche. ↔ *Sie findet ihn hässlich.*

idiot
[idjɔt] **idiote** **dumm**
Il n'est pas méchant, juste idiot. ↔ *Er ist nicht böse, bloß dumm.*

con *ugs*
[kɔ̃] **conne** **blöd** *ugs*
Elle est trop conne pour s'en rendre compte. ↔ *Sie ist zu blöd, um das zu merken.*

méchant
[meʃɑ̃] **méchante** **böse**
Il était méchant avec les enfants. ↔ *Er war böse zu den Kindern.*

fâché
[fɑʃe] **fâchée** **verärgert**
Elle est très fâchée. Tu ferais mieux de ne pas lui adresser la parole. ↔ *Sie ist sehr verärgert. Sprich sie lieber nicht an.*

Aujourd'hui c'est pas mon jour.
Heute ist nicht mein Tag.

furax *slang*
[fyʀaks] **furax** **stinkwütend** *ugs*
Il a déboulé dans mon bureau, complètement furax. ↔ *Er kam mit einer Stinkwut im Bauch in mein Büro gerauscht.*

vert *slang*
[vɛʀ] **verte** **sauer, stinkig** *ugs*
Il m'a arnaqué. Je suis vert. ↔ *Er hat mich übers Ohr gehauen. Ich bin echt sauer.*

emmerder *vulg*
[ɑ̃mɛʀde] **nerven**
Je t'emmerde ! ↔ *Du kannst mich mal!*

la haine
['ɛn] **der Hass**
Depuis le début ils ont de la haine pour leur voisins. ↔ *Sie hassen ihre Nachbarn schon von Anfang an.*

la violence
[vjɔlɑ̃s] **die Gewalt**
La violence ne résout pas les problèmes. ↔ *Gewalt löst keine Probleme.*

crier
[kʀije] **schreien**
Les enfants criaient de joie en voyant tomber la neige. ↔ *Die Kinder haben vor Freude geschrien, als sie den Schnee fallen sahen.*

gueuler *ugs*
[gœle] **schreien**
Il est toujours en train de gueuler. ↔ *Er schreit ständig herum.*

terrible
[teribl] **furchtbar, schrecklich**
Il y a eu un terrible accident sur l'autoroute A7. ↔ *Es hat sich ein furchtbarer Unfall auf der Autobahn A7 ereignet.*

pleurer
[plœʀe] **weinen**
Cet enfant pleure pour un rien. ↔ *Dieses Kind weint wegen gar nichts.*

triste
[tʀist] **triste traurig**
Elle est triste d'avoir perdu son chat. ↔ *Sie ist traurig, ihre Katze verloren zu haben.*

paresseux
[paʀesø] **paresseuse faul**
Il est intelligent mais paresseux. ↔ *Er ist intelligent, aber faul.*

fou
[fu] **folle verrückt**
Ce serait fou de faire une chose pareille. ↔ *Es wäre verrückt, solch eine Sache zu machen.*

taré
[taʀe] **tarée verrückt, durchgeknallt**
Ses parents sont complètement tarés. ↔ *Seine Eltern haben einen richtigen Knall.*

péter les plombs *ugs*
[peteleplɔ̃] **durchdrehen** *ugs*
J'ai encore fait une connerie, mon boss a pété les plombs. ↔ *Ich habe wieder Mist gebaut, mein Chef ist durchgedreht.*

péter un câble *ugs*
[peteœ̃kabl] **ausflippen** *ugs*
Je ne l'avais jamais vue comme ça. Elle a complètement pété un câble. ↔ *Ich habe sie noch nie so gesehen. Sie ist völlig ausgeflippt.*

craquer
[kʀake] **zusammenbrechen**
Il lui met la pression, elle va craquer. ↔ *Er setzt sie unter Druck, sie wird zusammenbrechen.*

Wenn du ein Date mit einer Frau hast, solltest du ihr immer den besseren Platz am Tisch überlassen. D.h. auf der Sitzbank und nicht auf dem Stuhl, mit dem Blick auf den Saal und nicht auf die Wand. Schau dich um – alle machen es so.

se plaindre
[plɛ̃dʀ] **beschweren**
Elle va très mal mais elle ne se plaint jamais. ↔ *Ihr geht es sehr schlecht, aber sie beschwert sich nie.*

hard
['aʀd] **heftig, ganz hart**
On a fait trente bornes à vélo, c'était plutôt hard. ↔ *Wir sind 30 Kilometer mit dem Rad gefahren, das war vielleicht heftig!*

Il n'a pas l'air d'un tendre. Er scheint ein harter Kerl zu sein.

la peur
[pœʀ] **die Angst**
Il n'aime pas les infirmières, il a peur des piqûres. ↔ *Er mag keine Krankenschwestern, er hat Angst vor Spritzen.*

faire peur à
erschrecken
Tu m'as fait peur ! ↔ *Du hast mich aber erschrocken!*

On a pris peur, on s'est taillés. Wir haben es mit der Angst zu tun gekriegt und sind verduftet.

s'inquiéter
[ɛ̃kjete] **sich Sorgen machen**
Ne t'inquiète pas, ça va marcher. ↔ *Mach dir keine Sorgen, das wird schon klappen.*

la jalousie
[ʒaluzi] **die Eifersucht**
Sa jalousie est anormale. ↔ *Seine Eifersucht ist nicht normal.*

jaloux
[ʒalu] **jalouse** **eifersüchtig**
Pourquoi est-elle toujours aussi jalouse ? ↔ *Warum ist sie nur immer so eifersüchtig?*

Das Wichtigste in Kürze

Et merde !	**Flüche**
Merde !/Quelle merde !/ Et merde !	*Scheiße!/So eine Scheiße!*
Putain !/'tain !	*Scheiße!*
Bordel !	*Scheißdreck!/Mist!*
Putain de merde !/Bordel de merde !	*Scheißdreck!/Mist!*
Putain de bordel de merde !	*So ein Scheißdreck!*
Fait chier!/Fait trop chier !/ Ça me fait chier !	*Das kotzt mich an!*
Fait iech ! *ugs*	*Das kotzt mich an!*
Quel bordel !/C'est la merde !	*So ein Mist!/So ein Scheißdreck!*
Quelle saloperie !	*So ein Mist!/So ein Scheißdreck!*
Ça craint...	*Echt peinlich …*
C'est pourri...	*Das ist zum Kotzen …*
'tain c'est relou... *ugs*	*Scheiße, das ist ja übel …*
Rien à foutre... Rien à branler... *vulg*	*Scheißegal …*
J'ai grave les boules.../Je suis dégoûté...	*Ich kotze voll ab …/Ich bin angekotzt …*
J'suis trop vénère... *ugs*	*Ich bin stinksauer …*
J'ai la haine.../J'ai la rage...	*Ich raste aus …*
Ça me casse les couilles !	*Das geht mir auf die Eier!*
Sa race ! *vulg*	*Ach du Scheiße!/Meine Fresse!*
Sa mère !	*Ach du Schande!*

Insultes	**Schimpfwörter**
le bouffon	*der Depp*
la bouffonne	*die dumme Kuh*
Abruti(e), va !	*Trottel!/Bekloppte(r)!*
Petit con !/Petite conne !	*Kleiner Pisser!/Blöde Gans!*
Tête de bite !/Piniouf !	*Drecksau!*
l'ordure/l'enflure	*der Schwachkopf*
le/la bâtard(e)	*der Bastard*
le connard/salaud/salopard/ enfoiré *vulg*	*das Arschloch/der Drecksack*
le fils de pute *vulg*	*der Hurensohn*
la fille de pute *vulg*	*die Schlampe*
l'enculé *vulg!*	*das miese Arschloch*
la connasse/salope/poufiasse *vulg*	*die Schlampe/Drecks-schlampe*
C'est vraiment une pute!	*Das ist echt ein Arsch!/eine Fotze!*
Espèce de salaud, va !	*Du (+ Schimpfwort)*
Sale connard !/Sale connasse !	*Miese(r) (+ Schimpfwort) Mieses Arschloch!/Miese Schlampe!*
Va chier !/Dégage !/Barre-toi !/Fous le camp !	*Hau ab!/Verpiss Dich!*
Casse-toi tu pues !	*Hau ab, du stinkst!*

La langue des voyous	**Gangstersprache**
le/la keuf *ugs*	*der Bulle (männl./weibl.)*
le/la condé(e)/kondé(e)	*der Bulle (männl./weibl.)*
les stups	*die Drogenfahnder*
le robocop	*CRS (Compagnie Républicaine de Sécurité), mobile Bereitschaftspolizei Frankreichs*
la balance	*der Denunziant*
balancer/bâtarder/mouch arder	*verpfeifen*

l'indic	*der Spitzel*
le mouchard, mouton	*der Spitzel*
se faire serrer/se faire choper	*erwischt werden*
la tôle/cabane/taule	*der Knast*
sortir de taule	*aus dem Knast kommen*
le mitard/trou	*der Knast/der Bau*
le taulard/tôlard	*der Knastbruder*
la taularde/tôlarde	*die Knastschwester*
le flingue/pétard/calibre	*die Knarre*
flinguer/descendre/liquider/buter	*abknallen/umlegen/umnieten*
étendre/crever/zigouiller/r efroidir	*kaltmachen/killen*
faire la peau à quelqu'un	*jmd um die Ecke bringen*
la petite main/petite frappe	*der kleine Gauner/kleine Fisch*
le voyou	*der Gauner*
le loubard	*der Rabauke*
le gangster/truand	*der Gangster*
le gros bonnet/gros bras	*der Gangsterboss*
la racaille	*das Pack/Gesindel*
le flouze, pognon	*die Kohle/Knete*
la thune, fraîche, maille	*die Kohle/Knete*

Au quartier chaud	**Rotlichtmilieu**
le bordel, boxon, lupanar, claque, fourbi	*das Bordell*
le clapier	*der Puff*
le bar à putes	*die Rotlichtbar/Rotlichtkneipe*
ll'entraîneuse	*die Animierdame*
la passe	*der Besuch bei einer Prostituierten*
l'hôtel de passe	*das Stundenhotel*

faire du racolage/racoler	*Kunden anspre-chen/anwerben*
faire le tapin/faire le trottoir	*auf den Strich gehen/anschaffen gehen*
le mac/maquereau/marlou/darron	*der Zuhälter*
la maquerelle/matrone/taulière/darrone	*die Zuhälterin/Puffmutter*
la prostituée	*die Prostituierte*
la pute/putain	*die Nutte/Hure*
la morue/traînée *abw*	*die Schlampe*
le gigolo	*der Gigolo*
le miché/micheton	*der Freier*
la mondaine	*die Sitte(npolizei)*

Les mots du sexe	**Sexueller Slang**
l'hétéro	*der Hetero*
l'homo	*der Homo*
le/la bi	*der/die Bisexuelle*
la lesbienne	*die Lesbierin*
la gouine/goudou	*die Lesbe*
la camionneuse *abw*	*die Kampflesbe*
la folle/tante/tantouse/tape tte/tafiole	*der Schwule/die Schwuchtel*
faire son coming-out	*sich outen/sein Coming-out haben*
le travelo/trav	*der Transvestit*
le queutard *abw*	*der (alte) Ficker*
la salope *abw*	*die Schlampe*
le/la nympho	*der Nymphomane/die Nymphomanin*
Ce soir, c'est plan love...	*Heute Abend wird Liebe gemacht ...*
allumer	*anmachen*

rouler une pelle/rouler un patin	*sich Zungenküsse geben*
tripoter	*fummeln*
baiser	*vögeln/Sex haben*
niquer/tringler/troncher *vulg*	*ficken*
enfourner/bourrer *vulg*	*ficken/poppen*
tirer un coup	*eine Nummer schieben*
Ce mec est vraiment un bon coup!	*Dieser Typ ist echt gut im Bett!*
partouzer/faire une partouse	*eine (Sex)orgie abhalten*
se faire sucer	*sich einen blasen lassen*
tailler une pipe à quelqu'un	*jemandem einen blasen*
branler quelqu'un/faire une branlette à quelqu'un	*es jemandem besorgen*
se branler	*sich einen runterholen/wichsen*
les parties	*die Genitalien*
la bite/queue/pine	*der Schwanz/Pimmel/Penis*
les couilles	*die Eier*
la chatte/moumoute	*die Scheide/Muschi*
le minou	*die Muschi/Möse*

Guten Appetit!

Der Riesenhunger!

la faim
[fɛ̃] **der Hunger**
On avait très faim après la longue excursion. ↔ *Wir hatten nach dem langen Ausflug großen Hunger.*

affamé
[afame] **affamée** **hungrig**
A table ! On est affamés ! ↔ *Zu Tisch! Wir sind hungrig!*

la soif
[swaf] **der Durst**
Après cette longue traversée tout le monde avait très soif . ↔ *Nach dieser langen Überfahrt hatten alle großen Durst.*

Je mange parce que j'ai faim. Ich esse, weil ich Hunger habe.

le petit-déjeuner
[pətideʒøne] **das Frühstück**
Le petit-déjeuner est servi entre sept heures et dix heures. ↔ *Das Frühstück wird zwischen sieben und zehn Uhr serviert.*

le déjeuner
[deʒœne] **das Mittagessen**
Le déjeuner était super bon. ↔ *Das Mittagessen war superlecker.*

On mange bientôt ? Je crève la dalle Gibt's bald Essen? Ich sterbe vor Hunger!

le dîner
[dine] **das Abendessen**
C'est une excellente idée de les inviter à dîner. ↔ *Es ist eine hervorragende Idee, sie zum Abendessen einzuladen.*

préparer
[pʀepaʀe] **vorbereiten**
Nous avons préparer le dîner tous ensemble. ↔ *Wir haben das Abendessen gemeinsam vorbereitet.*

cuisiner
[kɥizine] **kochen**
Il cuisine pour sa femme. ↔ *Er kocht für seine Frau.*

cuire au four
backen
Cuire le gâteau au four à 180 °C. ➜ *Den Kuchen bei 180 °C backen.*

saisir
[seziʀ] **anbraten**
Saisir le steak dans la poële. ➜ *Das Steak in der Pfanne anbraten.*

brûler
[bʀyle] **verbrennen**
Non, le gâteau n'a pas brûlé. Il doit ressembler à ça ! ➜ *Nein, der Kuchen ist nicht verbrannt. Er muss so aussehen!*

bon à la santé
bonne à la santé
gesund
Le brocoli est très bon pour la santé. ➜ *Brokkoli ist sehr gesund.*

gras
[gʀɑ] **grasse** **fettig**
Son gâteau n'était pas mal, mais un peu trop gras. ➜ *Ihr Kuchen war nicht schlecht, nur etwas zu fettig.*

rapide
[ʀapid] **rapide** **schnell**
Appelez vite une ambulance ! ➜ *Rufen Sie schnell einen Krankenwagen!*

Dépêchez-vous, ça urge !
Macht schnell, es eilt!

fait maison
[fɛ mɛzɔ̃] **faite maison**
selbst gemacht
Les plats faits maison sont bien meilleurs. ➜ *Selbst gemachtes Essen schmeckt am besten.*

végétarien
[veʒetaʀjɛ̃] **végétarienne**
vegetarisch
Vous avez une alternative végétarienne ? ➜ *Haben Sie eine vegetarische Alternative?*

allergique
[alɛʀʒik] **allergique**
allergisch
Il est allergique au lait de vache. ➜ *Er ist allergisch gegen Kuhmilch.*

Am Ziel

le restaurant
[ʀɛstɔʀɑ̃] **das Restaurant**
Je ne connais pas de bon restaurant dans le coin. ↔ *Ich kenne kein gutes Restaurant in der Nähe.*

la bistrot
[bistʀo] **das Lokal, die Kneipe**
Le bistrot est situé près de la tour Eiffel. ↔ *Das Lokal befindet sich in der Nähe des Eiffelturms.*

les heures d'ouverture
die Öffnungszeiten
Un panonceau indique les heures d'ouverture. ↔ *Ein Schild weist auf die Öffnungszeiten hin.*

la carte
[kaʀt] **die Speisekarte**
Le serveur apporte la carte aux clients. ↔ *Der Kellner bringt den Gästen die Speisekarte.*

le menu
[məny] **das Menü**
Vous pouvez choisir entre trois menus et des plats à la carte. ↔ *Sie können unter drei Menüs und Gerichten von der Speisekarte auswählen.*

le plat
[pla] **die Speise, das Gericht**
Le buffet est composé de plats chauds et froids. ↔ *Das Büffet besteht aus warmen und kalten Gerichten.*

le plat du jour
das Tagesessen
Quel est le plat du jour aujourd'hui ? ↔ *Was ist heute das Tagesessen?*

commander
[kɔmɑ̃de] **bestellen**
Il commande un café. ↔ *Er bestellt einen Kaffee.*

la commande
[kɔmɑ̃d] **die Bestellung**
Le serveur apporte la carte et prend la commande. ↔ *Der Kellner bringt die Karte und nimmt die Bestellung auf.*

le serveur
[sɛʀvœʀ] **serveuse**
der Kellner, die Kellnerin
Le serveur a apporté un plateau de fromages à notre table. ↔ *Der Kellner hat eine Käseplatte an unseren Tisch gebracht.*

l'entrée
[ɑ̃tʀe] **die Vorspeise**
En entrée, il y a un artichaut à la vinaigrette. ↔ *Als Vorspeise gibt es eine Artischocke in Essigsauce.*

le plat principal
das Hauptgericht
Le plat principal n'était pas fameux. ↔ *Das Hauptgericht war nicht besonders gut.*

le dessert
[desɛʀ] **der Nachtisch**
Elle avait préparé un dessert délicieux. ↔ *Sie hatte einen leckeren Nachtisch zubereitet.*

manger
[mɑ̃ʒe] **essen**
Nous avons mangé dans un restaurant typique pour la région. ↔ *Wir haben in einem, für die Region typischem, Restaurant zu Mittag gegessen.*

Bon appétit!
Guten Appetit!

manger bruyamment
schmatzen
T'es obligé de manger aussi bruyamment ? ↔ *Musst du beim Essen immer so schmatzen?*

goûter
[gute] **probieren**
J'ai goûté les huîtres. C'est très bon en fait. ↔ *Ich habe Austern probiert. Es schmeckt eigentlich sehr gut.*

faire des taches
kleckern
Tu ne peux pas t'empêcher de faire des taches ? ↔ *Kannst du das Kleckern nicht lassen?*

c'est bon
[sɛbɔ̃] **schmecken**
Mmh c'est très bon ↔ *Mmh, es schmeckt lecker.*

la vaisselle
[vɛsɛl] **das Geschirr**
La belle vaisselle était réservée aux repas de fête. ↔ *Das gute Geschirrservice war für besondere Anlässe.*

l'assiette
[asjɛt] **der Teller**
Les assiettes creuses se placent sur les plates. ↔ *Die tiefen Teller stellt man auf die flachen.*

Il y a des habitants dans mon assiette!
In meinem Teller schwimmt was!

le couvert
[kuvɛʀ] **das Besteck**
N'oubliez pas les couverts à salade ! ↔ *Vergessen Sie nicht das Salatbesteck!*

la cuillère
[kɥijɛʀ] **der Löffel**
La cuillère se place à droite du couteau. ↔ *Der Löffel kommt rechts neben das Messer.*

la fourchette
[fuʀʃɛt] **die Gabel**
Il manque une fourchette sur la table. ↔ *Es fehlt eine Gabel auf dem Tisch.*

le couteau
[kuto] **das Messer**
Il a toujours son couteau de poche sur lui. ↔ *Er hat immer sein Taschenmesser bei sich.*

le verre
[vɛʀ] **das Glas**
Elle lui a offert six verres à vin. ↔ *Sie hat ihm sechs Weingläser geschenkt.*

boire
[bwaʀ] **trinken**
La bière blanche se boit très fraîche. ↔ *Weißbier muss man ganz frisch trinken.*

la boisson
[bwasɔ̃] **das Getränk**
Les boissons ne sont pas comprises dans la demi-pension. ↔ *Die Getränke sind in der Halbpension nicht inbegriffen.*

l'eau
[o] **das Wasser**
Ce soir, je ne bois que de l'eau. ↔ *Heute Abend bleibe ich beim Wasser.*

Et si on allait tout simplement au kébab?
Lass uns einfach zum Döner-Laden gehen?

le thé
[te] **der Tee**
Il prend son thé sans sucre. ↔ *Er trinkt seinen Tee ohne Zucker.*

le café
[kafe] **der Kaffee**
Le matin, il boit une grande tasse de café. → *Am Morgen trinkt er eine riesige Tasse Kaffee.*

l'express
[ɛkspʀɛs] **der Espresso**
Un express et deux croissants, s'il vous plaît. → *Einen Espresso und zwei Croissants bitte.*

le vin
[vɛ̃] **der Wein**
Le vigneron met le vin en bouteilles. → *Der Winzer füllt den Wein in Flaschen ab.*

l'eau-de-vie
[odəvi] **der Schnaps**
Après le repas, ils nous ont servi une petite eau-de-vie de quetsche. → *Nach dem Essen haben sie uns einen kleinen Zwetschgenschnaps gebracht.*

la bière
[bjɛʀ] **das Bier**
Ils ont commandé deux bières belges. → *Sie haben zwei belgische Biere bestellt.*

l'addition
[adisjɔ̃] **die Rechnung**
Ils règlent l'addition par carte bancaire. → *Sie begleichen die Rechnung mit der Bankkarte.*

payer
[peje] **bezahlen**
Puis-je payer par carte de crédit ? → *Kann ich mit Kreditkarte bezahlen?*

Die Folgen

rassasié
[ʀasazje] **rassasiée satt**
Je n'ai déjà plus faim, tu peux manger le reste. → *Ich bin schon satt – du kannst den Rest essen.*

la sieste
[sjɛst] **der Mittagschlaf, die Siesta**
Anna aime faire une petite sieste après manger. → *Anna macht nach dem Essen immer gerne einen Mittagsschlaf.*

la pause
[poz] **die Pause**
Je fais toujours une grande pause après manger. → *Ich mache immer eine lange Pause nach dem Essen.*

la nausée
[noze] **die Übelkeit**
J'ai trop mangé, j'ai la nausée. ↔ *Ich habe zu viel gegessen. Mir ist übel.*

Quand je vois de la soupe de lentilles j'ai envie de gerber. **Wenn ich Linsensuppe sehe, könnte ich kotzen.**

vomir
[vɔmiʀ] **sich übergeben**
Anna n'a pas arrêté de vomir. Le fast-food n'était pas une bonne idée. ↔ *Anna musste sich ständig übergeben. Das Fastfood war keine gute Idee.*

l'estomac
[ɛstɔma] **der Magen**
Le plat épicé lui est resté sur l'estomac. ↔ *Das scharfe Essen ist ihm auf den Magen geschlagen.*

la douleur
[dulœʀ] **der Schmerz**
Il a ressenti une forte douleur dans le ventre. ↔ *Er spürte einen starken Schmerz im Magen.*

en surpoids
übergewichtig
Compte tenu de ton âge et de ta taille, tu as dix kilos de trop. ↔ *Du bist für dein Alter und deine Größe 10 Kilo zu schwer.*

maigre
[mɛgʀ] **maigre** **mager**
Aller, mange ! Tu es tout maigre ! ↔ *Na los, iss doch! Du bist ganz mager!*

Im Restaurant solltest du immer darauf warten, dass die Bedienung für dich den Tisch aussucht und dich dorthin begleitet. Es gilt als sehr unhöflich sich einfach am beliebigen Tisch breit zu machen.

Das Wichtigste in Kürze

Trouver le bon restaurant	**Das richtige Restaurant finden**
Pouvez-vous me recommander un bon restaurant/ un restaurant pas trop cher ?	*Können Sie mir ein gutes/nicht zu teures Restaurant empfehlen?*
Y a-t-il un restaurant végétarien/de poissons/de spécialités régionales tout près d'ici ?	*Gibt es hier in der Nähe ein vegetarisches Restaurant/ Fischrestaurant/Restaurant mit regionaler Küche?*
Je cherche un restaurant gastronomique/un snack-bar/une pizzeria/une crêperie.	*Ich suche ein Feinschmecker-lokal/einen Schnellimbiss/ eine Pizzeria/eine Crêperie.*
Où peut-on bien manger et à bon prix ?	*Wo kann man gut und günstig essen?*

Réserver une table	**Einen Tisch reservieren**
Je désire retenir/réserver une table pour deux personnes.	*Ich würde gerne einen Tisch für zwei Personen reservieren.*
Très bien. Pour quelle heure ?	*Sehr gern. Auf wie viel Uhr?*
Pour vingt heures.	*Auf 20 Uhr.*
C'est à quel nom ? Au nom de Müller.	*Auf welchen Namen? (Auf den Namen) Müller.*
Disposez-vous d'un espace fumeur ?	*Verfügen Sie über eine Raucher-Zone?*
Oui, bien sûr/Non, désolé(e).	*Ja, selbstverständlich!/Nein!*
Auriez-vous une table pour quatre personnes ?	*Haben Sie einen Tisch für vier Personen?*

Désolé(e), nous sommes complets pour le moment./ Oui, suivez-moi s'il vous plaît.	*Es tut mir leid, im Moment sind alle Tische belegt./Ja, folgen Sie mir bitte.*
Avez-vous réservé ?	*Haben Sie reserviert?*
Oui. Nous avons réservé une table pour deux personnes au nom de Müller.	*Ja. Wir haben einen Tisch für zwei Personen auf den Namen Müller reserviert.*

Commander	**Bestellen**
La carte s'il vous plaît !	*Bringen Sie mir/uns bitte die (Speise)karte!*
Que me/nous recommandez-vous ?	*Was können Sie mir/uns empfehlen?*
Désolé(e), nous n'avons plus de magrets de canard.	*Ich bedaure, Entenbrust haben wir leider nicht mehr.*
Avez-vous déjà choisi ?	*Haben Sie schon gewählt?*
Oui. Je prends/Nous prenons le plat du jour. Comme entrée/plat principal/dessert, je prends/nous prenons…	*Ja. Ich nehme/Wir nehmen das Tagesgericht. Als Vorspeise/Hauptgericht/ Nachtisch nehme ich/ nehmen wir …*
La même chose s'il vous plaît !	*Das Gleiche noch einmal, bitte!*
Proposez-vous un menu enfant ?	*Haben Sie ein Kindermenü?*
Comment voulez-vous votre steak ? Bien cuit/À point/Saignant.	*Wie möchten Sie Ihr Steak gebraten haben? Gut durch/Halb durch/ Englisch.*
Pourrais-je avoir… à la place de… ?	*Könnte ich … statt … haben?*
Que désirez-vous boire ?	*Was möchten Sie trinken?*
Servez-nous un litre de vin de pays en carafe et deux bouteilles d'eau minérale.	*Bringen Sie uns einen Liter offenen Rot-/Weißwein und zwei Flaschen Mineralwasser.*
Bon appétit !	*Guten Appetit!*

À votre santé !	*Zum Wohl!*
Madame !/Mademoiselle !	*Bedienung!*
Le serveur/la serveuse	*Der Kellner/die Kellnerin/ Die Bedienung*
Vous désirez encore quelque chose ?	*Haben Sie noch einen Wunsch?*
Pourriez-vous m'apporter/ nous apporter encore un peu de pain/de riz/d'eau/ de vin s'il vous plaît ?	*Könnten Sie mir/uns bitte noch Brot/Reis/Wasser/Wein bringen?*
Apportez-nous encore une fois la carte/la carte des boissons/la carte des vins s'il vous plaît.	*Bringen Sie uns bitte noch einmal die Speisekarte/ Getränkekarte/Weinkarte!*
Je ne veux pas de dessert, merci.	*Ich möchte keinen Nachtisch, danke!*

Payer	**Bezahlen**
L'addition, s'il vous plaît !	*Die Rechnung bitte! Ich würde gerne zahlen!/Zahlen, bitte!*
Ça vous a plu ?	*War es so recht?*
Oui, c'était excellent/délicieux.	*Danke, ausgezeichnet/ köstlich!*
Vous réglez/payez tout ensemble ou séparément ?	*Zahlen Sie zusammen oder getrennt?*
Il me semble qu'il y a une erreur dans l'addition.	*Die Rechnung scheint mir nicht zu stimmen.*
Je n'ai pas pris de… J'ai pris…	*Ich hatte kein … ich hatte …*
C'est bien comme ça.	*Das stimmt so.*
Voilà pour vous.	*Das ist für Sie.*
le pourboire	*das Trinkgeld*

Réclamer	**Sich beschweren**
Il manque une fourchette/ un couteau/une cuillère…	*Hier fehlt eine Gabel/ein Messer/ein Löffel …*

J'attends depuis une demi-heure, vous avez oublié mon escalope ?	*Ich warte schon eine halbe Stunde, haben Sie mein Schnitzel vergessen?*
Désolé(e), mais ce n'est pas ce que j'ai commandé.	*Entschuldigung, aber das habe ich nicht bestellt.*
Le plat est froid. La soupe est trop salée.	*Das Gericht ist kalt. Die Suppe ist versalzen.*
La pizza est brûlée/carbonisée.	*Die Pizza ist angebrannt/verbrannt.*
La viande est dure/trop grasse.	*Das Fleisch ist zäh/zu fett.*
Le poisson n'est pas frais.	*Der Fisch ist nicht frisch.*
Le vin est bouchonné/a un goût de bouchon.	*Der Wein korkt/schmeckt korkig.*
La bière n'est pas fraîche.	*Das Bier ist nicht kalt.*
Vous pouvez le remporter s'il vous plaît ?	*Nehmen Sie es bitte zurück!*
Allez chercher le patron s'il vous plaît !	*Holen Sie bitte den Chef!*
Il y a une erreur dans l'addition.	*Die Rechnung stimmt nicht.*

Faire les courses	Einkaufen
Je voudrais une baguette et quatre croissants.	*Ich hätte gerne ein Baguette und vier Croissants.*
Donnez-moi/Je prends un demi kilo de tomates.	*Geben Sie mir bitte/Ich nehme ein halbes Kilo Tomaten.*
Combien coûtent les huîtres ?	*Was kosten die Austern?*
Où se trouve le sel ?	*Wo finde ich Salz?*
Est-ce que vous avez des crustacés ?	*Haben Sie Meeresfrüchte?*
Est-ce que ce sont des pommes de terre de la région ?	*Sind die Kartoffeln aus der Region?*

Désirez-vous autre chose ?	*Darf's sonst noch etwas sein?*
Oui, trois poires et un kilo de prunes.	*Ja, drei Birnen und ein Kilo Pflaumen.*
Non, ce sera tout, merci.	*Nein, das wär's/das ist alles.*
Voulez-vous un sac (en) plastique ?	*Brauchen Sie eine Tüte?*
Oui, volontiers./Non, ça ira comme ça, merci.	*Ja, gerne./Nein, danke, das geht so.*

Les repas	**Die Mahlzeiten**
le petit-déjeuner	*das Frühstück*
le casse-croûte/l'en-cas/la collation	*der Imbiss/die Zwischenmahlzeit*
le déjeuner	*das Mittagessen*
le goûter	*das Kaffeetrinken/die Zwischenmahlzeit am Nachmittag*
le dîner	*das Abendessen*
le souper	*das (späte) Abendessen*
le pique-nique	*das Picknick*

Le menu	**Das Menü**
l'apéritif	*der Aperitif*
le hors-d'œuvre	*der Appetithappen*
l'entrée	*die Vorspeise*
la salade	*der Salat*
le potage	*die Suppe*
la soupe	*die Suppe*
le plat principal/plat de résistance	*die Hauptspeise/der Hauptgang*
le poisson	*der Gang mit Fisch*
la viande	*der Gang mit Fleisch*
le fromage/plateau de fromage	*der Käse/die Käseplatte*
le dessert	*das Dessert/die Nachspeise*

le café	*der Kaffee*
le digestif / pousse-café	*der Digestif / Verdauungsschnaps*

Les plats typiques	Typische Gerichte
Bœuf bourguignon	*Bœuf Bourgignon (Rinderschmorbraten in Rotweinsoße)*
Bœuf en daube	*Rinderschmorbraten*
Bouillabaisse	*Bouillabaisse (Marseiller Fischsuppe)*
Canard à l'orange	*Ente in Orangensoße*
Cassoulet	*Cassoulet (überbackener Bohnen-Fleisch-Eintopf)*
Clafoutis	*Süßspeise aus Pfannkuchenteig und Früchten*
Coq au vin	*Coq au Vin (Hähnchen in Weinsoße)*
Coquilles Saint-Jacques à la provençale	*Jakobsmuscheln nach Art der Provence*
Crème brûlée	*Crème brûlée / gebrannte Creme*
Crêpe Suzette	*Crêpe Suzette (mit Grand Marnier flambierter Crêpe)*
Cuisses de grenouilles aux fines herbes	*Froschschenkel mit Kräutern*
Escargots de Bourgogne en coquille	*Weinbergschnecken in Kräuterbutter*
Fondue bourguignonne	*Fleischfondue*
Fondue savoyarde	*Käsefondue*
Gratin dauphinois	*Kartoffelgratin*
Île flottante	*Île flottante (Baiser oder Schneeeier auf Vanillesoße)*
Lapin chasseur	*Kaninchen nach Jägerart*
Millefeuille	*Blätterteig-Cremeschnitte*
Pot-au-feu	*Fleischeintopf mit Gemüse*

Poule au pot	*Suppeneintopf mit gefülltem Huhn, Fleisch, Gemüse*
Quiche lorraine	*Lothringer Speckkuchen*
Ratatouille niçoise	*Nizzaer Ratatouille (Gemüsetopf)*
Salade niçoise	*Nizza-Salat / Salat nach Nizzaer Art*
Soupe à l'oignon	*Zwiebelsuppe*
Tarte flambée	*Flamm(en)kuchen*
Tarte Tatin	*gestürzter Apfelkuchen*

Les boissons typiques	**Typische Getränke**
l'anisette	*der Anislikör*
l'armagnac	*der Armagnac*
la bière blanche / blonde / brune	*das Weißbier / helle Bier / dunkle Bier*
la blanquette	*der Schaumwein (nach dem Champagnerverfahren)*
le Café (crème)	*der (Milch)kaffee*
le calvados	*der Calvados*
le champagne	*der Champagner / der Sekt*
la chartreuse®	*der Chartreuse®*
le chocolat	*die (heiße) Schokolade*
le cidre	*der Cidre*
le citron pressé	*die (heiße) Zitrone*
la citronnade	*das Zitronenwasser*
le cognac	*der Cognac*
le cointreau	*der Cointreau*
le crémant	*der Schaumwein*
le diabolo menthe	*der Pfefferminzsirup*
l'eau plate / minérale / gazeuse / non gazeuse / pétillante / non pétillante	*das stille (Tafel)wasser / Mineralwasser / Mineralwasser mit Kohlensäure / Mineralwasser ohne Kohlensäure / Sprudelwasser / Wasser ohne Kohlensäure*

l'eau-de-vie	*der Obstgeist*
la grenadine	*der Grenadinesirup*
le jus de fruit	*der (Frucht)saft*
le kir®	*der Kir®*
le kir® royal	*der Kir® Royal*
la limonade	*die Limonade*
l'orangeade	*die Orangenlimonade*
le panaché	*das Radler / das Alsterwasser*
le pastis	*der Pastis*
le thé	*der Tee*
la tisane	*der Kräutertee*
le vin (rouge, blanc, rosé)	*der Rot- / Weiß- / Roséwein*

Verres	**Trinkgefäße**
le bol	*die Trinkschale*
la chope	*der Bierkrug*
la coupe à champagne	*die Sektschale*
la flûte à champagne	*die Sektflöte*
le gobelet	*der (Plastik)becher*
le mug	*der (Henkel)pott*
la tasse à café	*die Kaffeetasse*
la tasse à thé	*die Teetasse*
le verre à bordeaux	*das Rotwein- / Bordeauxglas*
le verre à bourgogne	*das Burgunderglas*
le verre à cocktail	*das Cocktailglas*
le verre à cognac	*der Cognacschwenker*
le verre à eau	*das Wasserglas*
le verre à liqueur	*das Likörglas*
le verre à porto	*das Portweinglas*
le verre à vin blanc	*das Weißweinglas*
le verre à vin d'Alsace	*das Rieslingglas*
le verre à whisky	*das Whiskyglas*
le (verre) ballon	*das Rotweinglas*
le verre tulipe	*das Bordeauxglas*

Schule und Beruf

Die Schule

l'élève
[elɛv] **élève der Schüler, die Schülerin**
Carine est une nouvelle élève, je ne la connais pas. ↔ *Carine ist eine neue Schülerin, ich kenne sie nicht.*

l'école
[ekɔl] **die Schule**
Peigne-toi avant d'aller à l'école ! ↔ *Kämme dich, bevor du in die Schule gehst!*

le cours
[kuʀ] **die Unterrichtsstunde**
Les élèves ont eu un contrôle en cours d'anglais. ↔ *Die Schülerinnen und Schüler haben im Englischunterricht einen Test geschrieben.*

la matière
[matjɛʀ] **das (Schul)fach**
Ma matière préférée, c'est les math. ↔ *Mathe ist mein Lieblingsfach.*

la note
[nɔt] **die Note**
Géraldine travaille bien à l'école, elle a toujours de bonnes notes. ↔ *Géraldine ist gut in der Schule, sie hat immer gute Noten.*

apprendre
[apʀɑ̃dʀ] **lernen**
Ils apprennent l'anglais. ↔ *Sie lernen Englisch.*

expliquer
[ɛksplike] **erklären**
La professeur lui a expliqué le problème de math, il était difficile. ↔ *Die Lehrerin hat ihm die Matheaufgabe erklärt, sie war schwierig.*

comprendre
[kɔ̃pʀɑ̃dʀ] **verstehen**
Elle n'a pas compris l'exercice, elle a fait beaucoup de fautes. ↔ *Sie hat die Übung nicht verstanden, sie hat viele Fehler gemacht.*

réfléchir
[ʀefleʃiʀ] **überlegen**
Je ne peux pas réfléchir avec ce bruit. ↔ *Ich kann bei diesem Lärm nicht nachdenken.*

Ça cogite là-dedans !
Nun arbeiten die grauen Zellen aber!

bûcher
[byʃe] **pauken**
Dans cette fac il va falloir que tu bûches. ↔ *An dieser Uni wirst du richtig pauken müssen.*

écrire
[ekʀiʀ] **schreiben**
Mon fils doit écrire un poème pour demain. ↔ *Mein Sohn muss für morgen ein Gedicht schreiben.*

lire
[liʀ] **lesen**
Savoir lire, c'est le minimum. ↔ *Lesen zu können ist das Mindeste.*

l'exercice
[ɛgzɛʀsis] **die Übung**
Cet exercice de physique est super dur. ↔ *Diese Physikübung ist total schwer.*

la leçon
[l(ə)sɔ̃] **die Lektion**
Mais apprends tes leçons de grammaire ! ↔ *Lern doch deine Grammatiklektionen!*

les devoirs
[d(ə)vwaʀ] **die Hausaufgaben**
Théo n'a pas de devoirs pour demain. ↔ *Théo hat keine Hausaufgaben für morgen auf.*

faux
[fo] **falsch**
Il a tort, ce qu'il dit est complètement faux ! ↔ *Er hat Unrecht, das, was er sagt, ist völlig falsch!*

juste
[ʒyst] **richtig**
Tu as raison, ta réponse est juste. ↔ *Du hast Recht, deine Antwort ist richtig.*

recopier
[ʀ(ə)kɔpje] **abschreiben**
Frederik ne fait jamais ses devoirs, il se contente de recopier sur les autres. ↔ *Frederik macht nie Hausaufgaben, er schreibt immer nur von anderen ab.*

pomper *ugs*
[pɔ̃pe] **mogeln, schummeln** *ugs*
N'essayez même pas de pomper ! ↔ *Versuch(t) erst gar nicht, in der Prüfung zu schummeln!*

l'examen
[ɛgzamɛ̃] **die Prüfung**
Vincent a peur de rater son examen. ↔ *Vincent hat Angst durch die Prüfung zu fallen.*

réussir
[ʀeysiʀ] **bestehen**
Comment ça s'est passé ? J'ai réussi ! ↔ *Wie lief es bei dir? Ich habe bestanden!*

rater
[ʀate] **scheitern, durchfallen**
Raphaël a raté son bac. ↔ *Raphaël ist beim Abi durchgefallen.*

redoubler
[ʀ(ə)duble] **wiederholen**
Malheureusement, mon fils doit redoubler sa sixième. ↔ *Leider muss mein Sohn die sechste Klasse wiederholen.*

étudier
[etydje] **studieren**
Elle a étudié aux États-Unis. ↔ *Sie hat in den Staaten studiert.*

l'étudiant **étudiante**
[etydjɑ̃] **der Student**
Elle est étudiante à la faculté de droit. ↔ *Sie ist Studentin an der Fakultät für Rechtswissenschaften.*

les études
[etyd] **das Studium**
Ses parents lui paient ses études. ↔ *Seine Eltern zahlen ihm das Studium.*

C'est encore bibi qui va se taper tout le boulot ! Ich muss mal wieder die ganze Arbeit allein machen!

l'université
[ynivɛʀsite] **die Uni(versität)**
Il s'est inscrit à l'université. ↔ *Er hat sich an der Universität eingeschrieben.*

le professeur
[pʀɔfesœʀ] **der Professor, der Lehrer**
Il est professeur de philosophie à l'université. ↔ *Er ist Philosophieprofessor an der Universität.*

Die Arbeit

le métier
[metje] **der Beruf**
Sa mère lui conseille d'apprendre un bon métier. ↔ *Seine Mutter rät ihm, einen anständigen Beruf zu lernen.*

la boîte *ugs*
[bwat] **die Firma**
Elle bosse dans une petite boite. ↔ *Sie arbeitet in einer kleinen Firma.*

travailler
[tʀavaje] **arbeiten**
Je travaille depuis trois ans dans cette entreprise. ↔ *Ich arbeite seit drei Jahren in dieser Firma.*

le travail
[tʀavaj] **die Arbeit**
Ses horaires de travail sont très variables. ↔ *Seine Arbeitszeiten sind sehr unterschiedlich.*

Aller, au boulot ! Los, an die Arbeit!

chercher
[ʃɛʀʃe] **suchen**
Les étudiants qui cherchent un petit boulot doivent contacter la bibliothécaire. ↔ *Studenten, die einen Teilzeitjob suchen, sollten sich an die Bibliothekarin wenden.*

la candidature
[kɑ̃didatyʀ] **die Bewerbung**
Tim a déjà envoyé plein de candidatures, mais il n'a encore reçu aucune réponse. ↔ *Tim hat schon viele Bewerbungen geschrieben, aber noch keine einzige Antwort erhalten.*

poser sa candidature
sich bewerben
Géraldine a poser sa candidature chez le concurrent. ↔ *Géraldine hat sich bei der Konkurrenz beworben.*

trouver
[tʀuve] **finden**
C'est difficile de trouver du travail. ↔ *Es ist schwer, eine Arbeit zu finden.*

commencer
[kɔmɑ̃se] **anfangen**
J'ai commencé ma carrière comme pigiste dans un journal local. ↔ *Ich habe meine Karriere als freier Journalist bei einer Lokalzeitung begonnen.*

les conditions
[kɔ̃disjɔ̃] **die Bedingungen**
Les conditions de travail dans cette usine sont très dures. ↔ *Die Arbeitsbedingungen in dieser Fabrik sind sehr hart.*

C'est quoi son taf ? Was macht er für einen Job?

le salaire
[salɛʀ] **das Gehalt, der Lohn**
Je touche mon salaire à la fin du mois. ↔ *Ich bekomme meinen Lohn am Ende des Monats.*

le contrat de travail
der Arbeitsvertrag
Elle travaille au black, sans contrat de travail. ↔ *Sie arbeitet schwarz, ohne Arbeitsvertrag.*

le temps partiel
die Teilzeit
Juju travaille à temps partiel. ↔ *Juju arbeitet teilzeit.*

l'intérimaire
[ɛ̃teʀimɛʀ] **die Aushilfskraft**
Anne est intérimaire. ↔ *Anne arbeitet als Aushilfskraft.*

le stage
[staʒ] **das Praktikum**
À la fin de son stage, elle doit rédiger un mémoire. ↔ *Am Ende des Praktikums muss sie einen Bericht schreiben.*

l'apprentissage
[apʀɑ̃tisaʒ] **die Ausbildung**
Étienne est entré en apprentissage. ↔ *Étienne hat seine Ausbildung angefangen.*

les vacances
[vakɑ̃s] **der Urlaub**
Nos amis partent toujours en vacances en caravane. ↔ *Unsere Freunde machen immer Urlaub mit dem Wohnwagen.*

le week-end
[wikɛnd] **das Wochenende**
On a passé un super week-end ! ↔ *Wir haben ein tolles Wochenende verbracht!*

le boss
[bɔs] **boss der Chef, die Chefin**
Elle travaille dans le même bureau que son boss. ↔ *Sie arbeitet im gleichen Büro wie ihr Chef.*

Tu te débrouilles comme un chef. Du machst das echt chefmäßig.

le collègue

[kɔlɛg] **collègue** **der Kollege, die Kollegin**
Je m'entends bien avec mes collègues de travail. ↠ *Ich verstehe mich gut mit meinen Arbeitskollegen.*

content

[kɔ̃tɑ̃] **contente** **zufrieden**
Steven est très content de son boulot. ↠ *Steven ist sehr zufrieden mit seinem Job.*

stressé

[stʀese] **stressée** **gestresst**
Elle est stressée, elle doit tout le temps se dépêcher.
↠ *Sie ist gestresst, dauernd muss sie sich beeilen.*

fatigant

[fatigɑ̃] **fatigante**
anstrengend
J'ai besoin d'un week-end calme après cette semaine fatigante. ↠ *Ich brauche ein ruhiges Wochenende nach dieser stressigen Woche.*

démissionner

[demisjɔne] **(selbst) kündigen**
Vous ne pouvez pas démissionner, j'ai besoin de vous!
↠ *Sie können nicht kündigen, wir brauchen Sie!*

licencier

[lisɑ̃sje] **entlassen**
Les repreneurs ont licencié deux cents personnes. ↠ *Die Aufkäufer haben zweihundert Leute entlassen.*

prendre sa retraite

in Rente gehen
Elle ne travaille plus, elle a pris sa retraite. ↠ *Sie arbeitet nicht mehr, sie ist in Rente.*

In Frankreich macht man mit 18 Abitur. Dann fängt das Studium an, das bis zum Master normalerweise 5 Jahren dauert. Die meisten Studenten haben also mit 23 Jahren einen Uni-Abschluss in der Tasche.

Alles, was Spaß macht

Frei-zeit

les loisirs
[lwaziʀ] **die Freizeit(beschäftigung)**
Quels sont tes loisirs le week-end ? ↔ *Was machst du an den Wochenenden?*

le hobby
['ɔbi] **das Hobby**
Quel est ton hobby préféré ? ↔ *Welches ist dein Lieblingshobby?*

la passion
[pasjɔ̃] **die Leidenschaft**
Sa passion, c'est le théâtre. ↔ *Seine Leidenschaft ist das Theater.*

intéresser
[ɛ̃teʀese] **interessiert an etw**
La photo m'intéresse beaucoup, et toi ? ↔ *Ich interessiere mich sehr für Fotografie und du?*

intéressant
[ɛ̃teʀesɑ̃] **intéressante**
interessant
C'est une conversation très intéressante. ↔ *Das ist ein sehr interessantes Gespräch.*

aimer faire qc
[eme-] **etw sehr gern machen**
J'aime beaucoup sortir avec eux. ↔ *Ich gehe sehr gern mit Ihnen aus.*

rigoler *ugs*
[ʀigɔle] **lachen, Spaß haben**
La soirée était super, on a bien rigolé ! ↔ *Der Abend war toll, wir haben viel Spaß gehabt.*

se changer les idées
[ʃɑ̃ʒe-] **auf andere Gedanken kommen**
Il a besoin de se changer les idées. ↔ *Er muss auf andere Gedanken kommen.*

se détendre
[detɑ̃dy] **sich entspannen**
Après cette semaine de folie, j'ai besoin de me détendre. ↔ *Nach dieser verrückten Woche muss ich mich entspannen.*

la télé
[tele] **der Fernseher**
Elle a larvé tout le week-end devant la télé. ↔ *Sei nicht so eine Couchpotato und mach die Kiste aus.*

Arrête de faire to coach potato et éteins la télé ! Sei nicht so eine Couchpotato und mach die Kiste aus!

glandouiller *ugs*
abhängen, chillen *ugs*
On glandouille complet. ↔ *Wir haben uns völlig abhängen lassen.*

Hobby

la musique
[myzik] **die Musik**
Elle fait de la musique avec des bouteilles vides. ↔ *Sie macht mit leeren Flaschen Musik.*

le concert
[kɔ̃sɛʀ] **das Konzert**
Nous sommes heureux de vous inviter à notre prochain concert. ↔ *Wir freuen uns, euch auf unser nächstes Konzert einladen zu können.*

le groupe
[gʀup] **die (Musik)gruppe, Band**
Comment s'appelle ton groupe préféré ? ↔ *Wie heißt deine Lieblingsband?*

Super, cet album ! Ça déchire ! Ein super Album! Das geht voll ab!

le chanteur
[ʃɑ̃tœʀ] **la chanteuse**
der Sänger, die Sängerin
Tu connais le chanteur Kali ? ↔ *Kennst du den Sänger Kali?*

chanter
[ʃɑ̃te] **singen**
Sylvie chante dans une chorale. ↔ *Sylvie singt in einem Chor.*

la chanson
[ʃɑ̃sɔ̃] **das Lied**
C'est une chanson triste. ↔ *Das ist ein trauriges Lied.*

l'orchestre
[ɔʀkɛstʀ] **das Orchester**
Il joue dans un grand orchestre. ↔ *Er spielt in einem großen Orchester.*

la chorale
[kɔʀal] **das Chor**
Une cinquantaine de personnes chantent dans cette chorale. ↔ *In diesem Chor singen um die fünfzig Leute.*

le rock
[ʀɔk] **die Rockmusik**
Tu aimes le rock ? ↔ *Magst du Rockmusik?*

la pop
[pɔp] **die Popmusik**
Ma fille écoute tout le temps de la pop. ↔ *Meine Tochter hört die ganze Zeit Popmusik.*

la soul
[sul] **der Soul**
Tu connais une radio qui passe de la bonne soul ? ↔ *Kennst du einen guten Radiosender, der Soul spielt?*

le rap
[ʀap] **der Rap**
J'aime bien le rap. ↔ *Ich mag Rap.*

le hip-hop
['ipɔp]
C'est la reine du hip-hop. ↔ *Sie ist die Hip-Hop Königin.*

le jazz
[dʒɑz] **der Jazz**
Certaines personnes ne supportent pas le jazz. ↔ *Manche Leute können Jazz einfach nicht ausstehen.*

la musique classique
[klasik] **die klassische Musik**
Hier soir on est allé à un concert de musique classique. ↔ *Wir waren gestern Abend in einem klassischen Konzert.*

l'instrument de musique
[ɛ̃stʀymɑ̃-] **das Musikinstrument**
Elle joue d'un instrument de musique. ↔ *Sie spielt ein Musikinstrument.*

la guitare
[gitaʀ] **die Gitarre**
Mon frère assure à la guitare. ↔ *Mein Bruder spielt Gitarre.*

le piano
[pjano] **das Klavier**
Hugues joue du piano. ↔ *Hugues spielt Klavier.*

la trompette
[tʀɔ̃pɛt] **die Trompete**
Pour bien jouer de la

trompette il faut beaucoup s'entraîner. ↔ *Um gut Trompete spielen zu können, muss man sehr viel üben.*

le violon
[vjɔlɔ̃] **die Geige**
Le violon est le premier instrument que j'aie appris. ↔ *Geige habe ich als erstes Instrument gelernt.*

le sport
[spɔʀ] **der Sport, die Sportart**
Fabienne adore le sport. ↔ *Fabienne liebt Sport.*

Le sport c'est un truc de fous. Sport ist Mord.

sportif
[spɔʀtif] **sportive** **sportlich**
C'est une femme sportive. ↔ *Sie ist eine sportliche Frau.*

la natation
[natasjɔ̃] **das Schwimmen**
Elle fait de la natation. ↔ *Sie schwimmt.*

le vélo
[velo] **das Fahrrad, das Radfahren**
Je veux m'acheter un vélo de course. ↔ *Ich will mir ein Rennrad kaufen.*

le tennis
[tenis] **das Tennis**
Je regarde le tennis à la télé. ↔ *Ich schaue Tennis im Fernsehen.*

le football
[futbol] **der Fußball**
Ils jouent au football tous les samedis. ↔ *Sie spielen jeden Samstag Fußball.*

le rugby
[ʀygbi] **das Rugby**
Le rugby est très populaire en France. ↔ *Rugby ist in Frankreich sehr beliebt.*

le ski
[ski] **der Ski**
J'aime le ski. ↔ *Ich fahre gerne Ski.*

faire du surf
[fɛʀ dy sœʀf] **surfen**
Elle fait du surf tous les étés. ↔ *Sie surft jeden Sommer.*

courir
[kuʀiʀ] **joggen**
Je cours au parc le samedi matin. ↔ *Am Samstag morgen jogge ich im Park.*

la pétanque
[petɑ̃k] **das Boule(spiel)**
Vous connaissez la pétanque ? ↔ *Kennt ihr das Boulespiel?*

le match
[matʃ] **das Spiel**
Tu regardes le match ce soir ? ↔ *Schaust du dir das Spiel heute Abend an?*

le tournoi
[tuʀnwa] **das Wettkampf**
Je participe au tournoi de natation. ↔ *Ich nehme am Schwimm-Wettkampf teil.*

s'entraîner
[ɑ̃tʀene] **üben, trainieren**
Ils s'entraînent régulièrement. ↔ *Sie trainieren regelmäßig.*

perdre
[pɛʀdʀ] **verlieren**
Je n'ai pas de chance aujourd'hui, je perds tout le temps. ↔ *Heute habe ich kein Glück, ich verliere ständig.*

gagner
[gaɲe] **gewinnen**
J'ai gagné la première partie. ↔ *Ich habe die erste Runde gewonnen.*

le club
[klœb] **der Klub, das Verein**
Ils font partie d'un club. ↔ *Sie gehören einem Verein an.*

l'équipe
[ekip] **die Mannschaft, das Team**
Ils ont une bonne équipe de basket. ↔ *Sie haben eine gute Basketball-Mannschaft.*

sortir
[sɔʀtiʀ] **ausgehen**
Elle sort tous les soirs. ↔ *Sie geht jeden Abend aus.*

le cinéma
[sinema] **das Kino**
Et si on allait au ciné ce soir ? ↔ *Wie wäre es mit Kino heute Abend?*

le théâtre
[teatʀ] **das Theater**
J'ai déjà vu ce comédien au théâtre. ↔ *Dieser Schauspieler habe ich bereits im Theater gesehen.*

danser
[dɑ̃se] **tanzen**
Il danse comme un dieu. ↔ *Er ist ein begnadeter Tänzer.*

faire la fête
[fɛʀlafɛt] **feiern**
Ils ont fait la fête avec des amis. ↔ *Sie haben mit Freunden gefeiert.*

la fête
[fɛt] **die Fete**
Patrick fait une fête mercredi. ↔ *Patrick macht eine Fete am Mittwoch.*

le parc d'attractions
[paʀkdatʀaksjɔ̃] **der Erlebnispark**
Euro Disney est le seul parc d'attraction où je sois allé jusqu'à présent. ↔ *Euro Disney ist der einzige Erlebnispark, in dem ich bisher war.*

faire les magasins
[fɛʀlemagazɛ̃] **shoppen (gehen)**
Christine fait les magasins avec sa copine. ↔ *Christine geht mit ihrer Freundin shoppen.*

peindre
[pɛ̃dʀ] **malen**
Je peins pour me vider la tête. ↔ *Ich male, um auf anderen Gedanken zu kommen.*

cuisiner
[kɥizine] **kochen**
J'adore cuisiner, ça me détend. ↔ *Ich koche gern, das entspannt mich.*

lire
[liʀ] **lesen**
Je ne lis que des romans d'amour. ↔ *Ich lese ausschließlich Liebesromane.*

aller à la plage
[alealaplaʒ] **zum Strand gehen**
Ils vont à la plage tous les week-ends. ↔ *Jedes Wochenende gehen sie zum Strand.*

bricoler
[bʀikɔle] **basteln**
Ils participent à un atelier de bricolage. ↔ *Sie beteiligen sich an einer Bastelwerkstatt.*

la pêche (à la ligne)
[pɛʃ] **das Angeln**
Samedi, je suis allé à la pêche. ↔ *Ich war am Samstag angeln.*

Private Studentenpartys *soirées étudiantes* werden sehr oft in den Discos selbst organisiert. Nützliches Wortschatz: *PAF (Participation Aux Frais)* bedeutet Eintritt und *conso* ist ein freies Getränk.

le tuning
[tyniŋ] **das Tuning**
C'est un fan de tuning. Il passe des heures sur sa caisse. ↔ *Er ist ein Tuning Fan. Er verbringt Stunden mit seiner Karre.*

le jeu
[ʒø] **das Spiel**
Tu veux faire un jeu ? ↔ *Magst du 'was spielen?*

le jeu de société
[ʒødəsɔsjete] **das Gesellschaftsspiel**
On joue souvent aux jeux de sociétés en famille. ↔ *Wir spielen oft Gesellschaftsspiele in der Familie.*

les échecs
[eʃɛk] **Schach**
Elle joue super bien aux échecs. ↔ *Sie spielt sehr gut Schach.*

les dames
[dam] **Dame**
J'ai encore gagné aux dames. ↔ *Ich habe wieder beim Damespielen gewonnen.*

les cartes
[sɛʀt] **das Kartenspiel**
Tu aimes jouer aux cartes ? ↔ *Magst du Kartenspiele?*

le poker
[pɔkɛʀ] **Poker**
C'est un pro au poker. ↔ *Er ist Poker-Profi.*

Das Wichtigste in Kürze

Sports	**Sportarten**
l'athlétisme	*die Leichtathletik*
l'aviron	*der Rudersport*
le badminton	*das Badminton*
le basket-ball	*der Basketball*
la boxe	*das Boxen*
la course à pied	*der Laufsport*
le cyclisme	*der Radsport*
l'équitation	*der Reitsport*
le football	*der Fußball*
le golf	*das Golf*
la gymnastique	*die Gymnastik*
le hand-ball	*der Handball*
le hockey	*das Hockey*
le jogging	*das Jogging*
le judo	*das Judo*
le karaté	*das Karate*
la lutte	*das Ringen*
la natation	*das Schwimmen*
le patin à glace	*das Schlittschuhlaufen*
la planche à voile	*das Windsurfen*
la plongée sous-marine	*das Tauchen*
le rugby	*das Rugby*
le ski de fond	*der Skilanglauf*
le ski de piste	*der Abfahrtski*
le squash	*das Squash*

le surf	*das Surfen*
le tennis	*das Tennis*
le tennis de table	*das Tischtennis*
le tir à l'arc	*das Bogenschießen*
le triathlon	*das Triathlon*
la voile	*das Segeln*
le volley-ball	*der Volleyball*

Textos & chats **Chat & SMS**

bjr	bonjour		*guten Tag*
bsr	bonsoir		*guten Abend*
slt	salut	hi	*hi/hallo*
bap	bon après-midi	hand (have a nice day)	*schönen Nachmittag/ schönen Tag noch*
a+	à plus tard, salut, au revoir	cul8er (see you later), tnt (till next time), bb (bye bye), bibi/cya (see you)	*bis später/ bis zum nächsten Mal/ bis bald/ tschüss*
apL	appelé, appeler		*(habe) angerufen/anrufen*
PLPP	pas libre pour parler		*kann gerade nicht reden*
SDR	suis de retour	re (returned)	*(bin) zurück*
kestufé	qu'est-ce que tu fais?	wayd ? (what are you doing?)	*was machst du?*
G la N	j'ai la haine		*bin sauer*
koi 2 9	Quoi de neuf ?	wu? (what's up?)	*was gibt's Neues?*

ayé	ça y est		*jetzt ist es soweit*
asap	aussi vite que possible	asap (as soon as possible)	*so schnell/bald wie möglich*
lol	mort de rire	lol (laughing out loud)	*laut lachen*
MDR	mort de rire	lmao laughing my ass off)	*ich lach mich tot*
XDR	explosé de rire	bol (burst out loudly)	*in schallendes Gelächter ausbrechen/ich lach mich kaputt*
tmtc	toi-même tu sais	bykt (but you know that)	*aber das weißt du schon*
ajour8	aujourd'hui		*heute*
2m1	demain		*morgen*
iR	hier		*gestern*
2pui	depuis		*seit*
tps	temps		*Zeit*
svt	souvent		*oft*
jr	jour		*Tag*
jrné	journée		*Tag*
mat1	matin		*Morgen*
enf1	enfin		*endlich*
1	un, une		*ein/eine/eins*
2	de		*von*
g	j'ai		*ich hab*
c	c'est, ce		*das (ist)*
t	tu es		*du bist*
m	aime		*mag/liebe*
o	au, eau	2 (to)	*zu*
ds	dans		*in*
pr	pour	4 (for)	*für*
tt	tout		*alles*
kom	comme		*wie*

tLmen	tellement		*so (sehr), dermaßen*
vs	contre		*gegen, versus*
cmt	comment		*wie*
pk	pourquoi	y (why)	*warum, wieso*
qd	quand		*wann*
ki	qui		*wer*
koi	quoi		*was*
ns	nous		*wir*
ts	tous		*alle*
L	elle		*sie*
ens	ensemble		*zusammen*
iD	idée		*Idee*
veriT	vérité		*Wahrheit*
pb	problème		*Problem*
tao	faire l'amour		*Liebe machen*
KC	casser		*aufbrechen*
paC	passer		*durchgehen*
manG	manger		*essen*
fesè	faisait		*machte*

Reisen und Feiern

In der Stadt unterwegs

la ville
[vil] **die Stadt**
Ils se sont retrouvés en ville. ↔ *Sie haben sich in der Stadt getroffen.*

le village
[vilaʒ] **das Dorf**
La visite du village a été très instructive. ↔ *Die Besichtigung des Dorfes war sehr lehrreich.*

le plan de la ville
[plɑ̃-] **der Stadtplan**
Tu peux me le montrer sur le plan ? ↔ *Kannst du mir das auf dem Stadtplan zeigen?*

la capitale
[kapital] **die Hauptstadt**
Ils ont visité la capitale. ↔ *Sie haben die Hauptstadt besichtigt.*

le centre-ville
[sɑ̃tʀ-] **das Stadtzentrum**
Le centre-ville est très touristique. ↔ *Das Stadtzentrum ist sehr touristisch.*

la vieille ville
[lavjɛjvil] **die Altstadt**
Les rues pavées de la vieille ville datent du Moyen Âge. ↔ *Die gepflasterten Straße der Altstadt stammen aus dem Mittelalter.*

visiter
[vizite] **visiteuse** **besichtigen**
Aujourd'hui elle visite le Louvres. ↔ *Heute besichtigt sie den Louvres.*

la balade
[balad] **der Spaziergang**
J'aimerais faire une balade sur le port. ↔ *Ich würde gerne einen Spaziergang am Hafen machen.*

le chemin
[ʃ(ə)mɛ̃] **der Weg**
C'est bien le chemin qui mène à la plage ? ↔ *Ist das der Weg, der zum Strand führt?*

aller
[ale] **gehen, fahren**
Tous les jours, ils vont à la plage. ↔ *Sie gehen jeden Tag zum Strand.*

l'aller
[ale] **die Hinfahrt**
L'aller leur a semblé moins long que le retour. ↔ *Die Hinfahrt erschien ihnen weniger lang als die Rückfahrt.*

l'aller retour
[aleRətuR] **die Rückfahrkarte**
Elle a pris un aller retour pour Lyon. ↔ *Sie kaufte eine Rückfahrkarte nach Lyon.*

l'aller simple
[alesɛ̃pl] **die einfache Fahrkarte**
Un aller simple pour Marseille, s'il vous plaît. ↔ *Eine einfache Fahrkarte nach Marseille, bitte.*

le bus
[bys] **der Bus**
Un bus transporte les touristes à leur hôtel. ↔ *Ein Bus bringt die Touristen zu ihrem Hotel.*

Je me suis encore planté d'arrêt de bus. **Ich hab mich schon wieder in der Bushaltestelle vertan.**

le guide
[gid] **guide der Reiseleiter, die Reiseleiterin**
Notre guide est vraiment beau gosse. ↔ *Unser Reiseleiter ist ein heißer Typ.*

le guide touristique
[-tuRistik] **der Reiseführer**
Ce guide est très complet. ↔ *Dieser Reiseführer ist sehr ausführlich.*

le ticket d'entrée
[tikɛdɑ̃tRe] **die Eintrittskarte**
Je voudrais deux tickets d'entrée au tarif étudiant, s'il vous plaît. ↔ *Ich möchte zwei ermäßigte Eintrittskarten für Studenten bitte.*

Je veux pas y aller, j'ai la trouille. **Ich will da nicht hin, ich hab Schiss.**

les heures d'ouverture
[œRduvɛRtyR] **die Öffnungszeiten**
Quelles sont les heures d'ouverture du magasin ? ↔ *Wie sind die Ladenöffnungszeiten?*

la caisse
[kɛs] **die Kasse**
La queue à la caisse était trop longue. ↔ *Die Schlange an der Kasse war zu lang.*

fermé
[fɛʀme] **fermée**
geschlossen
Le restaurant est fermé le mercredi. ↔ *Das Restaurant hat mittwochs geschlossen.*

la visite guidée
die Führung
La prochaine visite guidée commence dans vingt minutes. ↔ *Die nächste Führung beginnt in zwanzig Minuten.*

la visite
[vizit] **die Besichtigung**
La visite du château est gratuite. ↔ *Die Schlossbesichtigung ist umsonst.*

le visiteur
[vizitœʀ] **der Besucher, die Besucherin**
Le musée est ouvert aux visiteurs à partir de dix heures. ↔ *Das Museum hat für die Besucher ab zehn Uhr geöffnet.*

le musée
[myze] **das Museum**
C'est le musée le plus sympa que j'aie jamais vu. ↔ *Das ist das coolste Museum, das ich je gesehen habe.*

Il est bien sapé aujourd'hui.
Heute hat er sich richtig in Schale geworfen.

la culture
[kyltyʀ] **die Kultur**
La culture c'est pas trop mon truc. ↔ *Ich stehe nicht so auf Kultur.*

culturel
[kyltyʀɛl] **culturelle** **kulturell**
Dans cette ville, il y a beaucoup d'activités culturelles. ↔ *In dieser Stadt gibt es viel kulturelles Schaffen.*

la galerie
[galʀi] **die Galerie**
Leurs tableaux sont exposés dans une galerie du Marais. ↔ *Ihre Gemälde werden in einer Galerie in Le Marais ausgestellt.*

l'art
[aʀ] **die Kunst**
Je ne comprends rien à l'art moderne. ↔ *Ich verstehe nichts von moderne Kunst.*

l'artiste

[aʀtist] **artiste der Künstler, die Künstlerin**
Ce café est le rendez-vous des artistes. ↔ *In diesem Café treffen sich viele Künstler.*

artistique

[aʀtistik] **künstlerisch**
Son œuvre se caractérise par une grande force artistique. ↔ *Sein/Ihr Werk zeichnet sich durch große künstlerische Kraft aus.*

l'appareil photo

[apaʀɛjfɔto] **der Fotoapparat**
Avec son appareil photo, il mitraille tous les sites qu'il visite. ↔ *Mit seinem Fotoapparat hält er alle Orte fest, die er besichtigt.*

l'appareil photo numérique

[-nymeʀik] **die Digitalkamera**
Il a acheté un appareil photo numérique très performant. ↔ *Er hat eine sehr leistungsstarke Digitalkamera gekauft.*

la carte postale

[kaʀtpɔstal] **die Postkarte**
C'est l'avant-dernier jour et je n'ai pas écrit une seule carte postale. ↔ *Heute ist der vorletzte Tag und ich habe noch keine einzige Postkarte geschrieben.*

le théâtre

[teatʀ] **das Theater**
Elles vont au théâtre tous les dimanches soirs. ↔ *Sie gehen jeden Sonntagabend ins Theater.*

le cinéma

[sinema] **das Kino**
Elle va au cinéma deux fois par mois. ↔ *Sie geht zweimal im Monat ins Kino.*

Je suis pas très chaud pour un ciné. Ich bin nicht gerade heiß auf Kino.

le film

[film] **der Film**
Pour se distraire, il regarde un film pendant le vol. ↔ *Zur Unterhaltung schaut er sich während des Fluges einen Film an.*

Party People!

le bistrot *ugs*
[bistʀo] **das Lokal, die Kneipe**
Le bistrot est situé près de la tour Eiffel. ↔ *Das Lokal befindet sich in der Nähe des Eiffelturms.*

le bar[1]
[baʀ] **die Bar**
Ils prennent quelques verres dans un bar avant de rentrer. ↔ *Sie trinken in einer Bar ein paar Gläser, bevor sie nach Hause gehen.*

le bar[2]
[baʀ] **der Tresen**
Il prend une bière au bar. ↔ *Er trinkt ein Bier am Tresen.*

la discothèque
[diskɔtɛk] **die Diskothek**
Il y a une discothèque sympa par ici ? ↔ *Gibt es eine nette Diskothek hier?*

apporter
[apɔʀte] **bringen**
Apportez-moi encore une bière, s'il vous plaît. ↔ *Bringen Sie mir bitte noch ein Bier.*

le demi [d(ə)mi]
das Glas Bier
Il a commandé un demi au bar. ↔ *Er hat an der Bar ein Glas Bier bestellt.*

s'éclater *ugs*
[eklate] **sich tierisch amüsieren** *ugs*
On s'éclate ! ↔ *Wir haben voll Spaß!*

On a mis la musique à donf. **Wir haben die Musik voll aufgedreht.**

le cadavre *ugs*
[kadɑvʀ] **die leere Pulle** *ugs*
Le lendemain on a compté les cadavres. Y en avait un bon paquet ! ↔ *Am nächsten Tag haben wir die leeren Flaschen gezählt. Da kam ganz schön was zusammen!*

la fête
[fɛt] **die Party**
Il organise une fête pour

son anniversaire. ↠ *Zu seinem Geburtstag organisiert er eine Party.*

Pourquoi tu ne viens pas à la soirée ? Lâcheuse ! **Warum kommst du nicht zu dem Fest? Spaßbremse!**

la soirée
[swaRe] **das Fest**
Elle fait une soirée demain. Tu viens ? ↠ *Sie macht morgen Abend ein Fest. Kommst du?*

la bringue *ugs*
[bRɛ̃g] **die Fete** *ugs*
On fait la bringue tous les soirs. ↠ *Wir machen jeden Abend einen drauf.*

la fête foraine
[fɛtfɔRɛ̃] **der Jahrmarkt**
Comme chaque année, il y a la fête foraine sur la place du village. ↠ *Wie jedes Jahr gibt es einen Jahrmarkt auf dem Dorfplatz.*

cool *ugs*
[kul] **cool** *ugs*
Reste cool, tout va bien se passer. ↠ *Bleib ganz cool, alles wird gut.*

tranquille *ugs*
[tRɑ̃kil] **tranquille**
gelassen *ugs*
Ce week-end ils restent tranquilles à la maison. ↠ *Sie machen sich ein ganz ruhiges Wochenende zu Hause.*

chauffer *ugs*
[ʃofe] **einheizen**
Alors les filles, prêtes à chauffer la piste ce soir ? ↠ *Na Mädels, bereit, um auf der Tanzfläche heut' Abend richtig einzuheizen?*

santé ! *ugs*
[sɑ̃te] **zum Wohl!**
Bon anniversaire et à ta santé ! ↠ *Alles Gute zum Geburtstag und zum Wohl!*

dépoter *ugs*
[depɔte] **voll abgehen, wegföhnen** *ugs*
Super, cet album ! Ça dépote ! ↠ *Ein super Album! Das geht voll ab!*

échouer *ugs*
[eʃwe] **stranden, landen** *ugs*
On a échoué à 4h du mat' dans un bar désert. ↠ *Wir sind morgens um 4 Uhr in einer leeren Kneipe gelandet.*

l'argent
[aRʒɑ̃] **das Geld**
Tu peux me prêter un peu d'argent ? ↠ *Kannst du mir etwas Geld leihen?*

le paiement
[pɛmɑ̃] **die Zahlung, die Bezahlung**
Le paiement s'effectue en partie à la réservation. ↔ *Die Bezahlung erfolgt zu einem Teil mit der Reservierung.*

l'addition
[adisjɔ̃] **die Rechnung**
Laissez ! L'addition est pour moi. ↔ *Lasst mal, die Rechnung geht auf mich!*

le pourboire
[puʀbwaʀ] **das Trinkgeld**
Elle lui a laissé un gros pourboire. ↔ *Sie hat ihm/ihr viel Trinkgeld dagelassen.*

la petite monnaie
[pətitmɔnɛ] **das Kleingeld**
Donne-moi un billet ! Je ne veux pas de ta petite monnaie. ↔ *Gib mir doch gleich einen Schein, ich will dein Kleingeld nicht.*

le blé *ugs*
[ble] **die Knete** *ugs*
T'as assez de blé pour la soirée ? ↔ *Hast du genug Knete für den Abend?*

le fric *ugs*
[fʀik] **die Kohle** *ugs*
Tu ne penses qu'au fric. C'est une obsession chez toi. ↔ *Du denkst nur an Kohle. Da bist du richtig besessen.*

allonger *ugs*
[alɔ̃ʒe] **(Geldscheine) hinblättern** *ugs*
Allez, allonge-les vite fait ! ↔ *Los, leg' schnell die Scheine hin!*

payer
[peje] **bezahlen**
Elle a oublié de payer le loyer. ↔ *Sie hat vergessen die Miete zu bezahlen.*

dépenser
[depɑ̃se] **ausgeben**
Ils ont dépensé beaucoup d'argent cet été en vacances. ↔ *Sie haben diesen Sommer in den Ferien viel Geld ausgegeben.*

se fendre *ugs*
[fɑ̃dʀ] **herausrücken, spendieren** *ugs*
Elle s'est fendue d'une petite bouteille. ↔ *Sie hat uns ein Fläschchen spendiert.*

Aboulez les pépètes ! Her mi[t] den Moneten!

l'ardoise
[aʀdwaz] **die unbezahlte Rechnung**
Faudra penser à régler ton ardoise ! ↔ *Denk dran, deine Schulden zu bezahlen!*

casquer *ugs*
[kaske] **blechen**
On va casquer dans ce resto. ↔ *In diesem Schuppen müssen wir ganz schön blechen.*

la boisson *ugs*
[bwasɔ̃] **das Getränk**
L'hiver, on apprécie plus les boissons chaudes. ↔ *Im Winter trinkt man lieber heiße Getränke.*

l'apéro *ugs*
[apeʀo] **der Aperitif**
On se prend un apéro ce soir ? ↔ *Trinken wir heute Abend einen Aperitif zusammen?*

chlâsse *ugs*
[ʃlas] **chlâsse besoffen, schlapp** *ugs*
Désolé, je suis trop chlâsse pour sortir. ↔ *Tschuldige, aber ich bin zu schlapp zum Weggehen.*

picoler *ugs*
[pikɔle] **bechern**
Elle picole un peu trop, je trouve. ↔ *Ich finde, sie bechert etwas zu viel.*

l'eau
[o] **das Wasser**
Il y a un pichet d'eau sur la table. ↔ *Es gibt einen Krug Wasser auf dem Tisch.*

le vin
[vɛ̃] **der Wein**
Elle a acheté une bouteille de vin. ↔ *Sie hat eine Flasche Wein gekauft.*

la picole *ugs*
[pikɔl] **das Saufen** *ugs*
Viens à la soirée ! Il y aura de la picole. ↔ *Komm doch zu der Fete, es gibt was zu saufen!*

le poivrot *ugs*
[pwavʀo] **der Säufer, die Säuferin**
Deux poivrots chantaient dans la rue. ↔ *Zwei Suffköpfe sangen laut auf der Straße.*

Ils ont décidé de se pinter. **Sie haben beschlossen, sich volllaufen zu lassen.**

pompette *ugs*
[pɔ̃pɛt] **beschwipst** *ugs*
Alors Mémé, tu ne serais pas un peu pompette ? ↔ *Na Omachen, bist du nicht ein bisschen beschwipst?*

la cuite *ugs*
[kɥit] **das Besäufnis, der Suff** *ugs*
On s'est pris une bonne cuite. ↔ *Wir haben uns ganz schön besoffen.*

Lili était complètement beurrée samedi. **Lili war am Samstag total besoffen.**

déchiré *ugs*
[deʃiʀe] **déchirée**
betrunken, dicht
Il a fini la soirée complètement déchiré. ↔ *Er ist im Lauf des Abends völlig abgestürzt.*

gerber *ugs*
[ʒɛʀbe] **kotzen** *ugs*
Il a gerbé sur la porte. ↔ *Er hat an die Tür gekotzt.*

la gueule de bois *ugs*
der Kater *ugs*
J'ai la gueule de bois ce matin. ↔ *Ich habe heute Morgen einen Kater.*

la clope *ugs*
[klɔp] **die Kippe** *ugs*
Je peux te taxer une clope ? ↔ *Kann ich eine Kippe von dir schnorren?*

cloper *ugs*
[klɔpe] **qualmen** *ugs*
Tu clopes trop. ↔ *Du qualmst zu viel.*

le cendar *slang*
[sɑ̃daʀ] **der Aschenbecher** *ugs*
Passe-moi le cendar, s'il te plaît. ↔ *Gibst du mir bitte mal den Aschenbecher?*

le joint *ugs*
[ʒwɛ̃] **der Joint**
Vous n'avez rien d'autre à faire que fumer des joints ? ↔ *Habt ihr nichst Anderes zu tun, als Joints zu rauchen?*

Das Wichtigste in Kürze

Bars et fêtes	**Kneipe und Party**
la fiesta/bringue/java/bamboula/nouba	*die Fete/Party*
la teuf *ugs*	*die Fete/das Fest*
la réssoi *ugs*	*der (Party-)/(Tanz)abend*
le/la fêtard(e)	*der Nachtschwärmer/die Nachtschwärmerin*
s' éclater	*sich tierisch amüsieren*
se fendre la poire	*sich tierisch amüsieren*
Je suis mort de rire !	*Ich lach mich tot!*
On s'est trop bien marrés.	*Wir hatten einen Riesenspaß./Wir haben uns kaputtgelacht.*
C'était une pure soirée !	*War das ein geiler Abend !*
le resto/restau	*das Lokal/Restaurant/der Laden/Schuppen*
la bouffe/ripaille	*das Essen/die Schlemmerei*
le gueuleton	*das Festessen/Fressgelage*
On va s'en mettre plein la panse!	*Wir werden uns die Bäuche voll schlagen.*
le café/troquet/bistrot	*das Bistro/Lokal*
le bar	*die Bar*
le bauge/boui-boui *abw*	*die Kaschemme, Spelunke*
la gargote	*das billige/schmutzige Lokal*
faire la tournée des bars	*durch die Kneipen ziehen/eine Kneipentour machen*
C'est ma tournée ! C'est moi qui régale !	*Das geht auf mich!*

J'trouve pas les chiottes...	*Ich find das Klo nicht …*
picoler/pinter	*sich vollaufen lassen/bechern*
se soûler/murger	*sich besaufen*
se bourrer la gueule *vulg*	*sich einen ansaufen*
se défoncer	*sich betrinken/abdichten*
prendre une cuite/prendre une biture	*sich besaufen/sich volllaufen lassen*
soûl/bourré/cuité	*betrunken/besoffen*
gerber/dégueuler	*kotzen*
l'ivrogne/alcoolo	*der Säufer/Alki*
le pilier de bar/de comptoir	*der Kneipenstammgast*
le pinard	*der Wein*
la vinasse/piquette *abw*	*der Billigwein*
la bibine	*das (üble) Gesöff*
la gnôle	*der Schnaps*
le tord-boyaux	*der Fusel/Rachenputzer*

Distractions	**Unterhaltung**
le cinéma	*das Kino*
le théâtre	*das Theater*
le musée	*das Museum*
le concert	*das Konzert*
l'opéra	*die Oper*
l'opérette	*die Operette*
la danse	*das Ballett*
la tragédie	*die Tragödie*
la comédie	*die Komödie*
la tragicomédie	*die Tragikomödie*
le music-hall	*das Varieté*
la comédie musicale	*das Musical*
le café-théâtre	*Bar mit Varietee-Darbietungen*

Rendez-vous	Verabredung
Vous avez quelque chose de prévu demain soir ?	*Haben Sie morgen Abend schon was vor?*
On peut y aller ensemble si vous voulez.	*Wollen wir zusammen hingehen?*
Est-ce que je peux vous inviter à dîner demain soir ?	*Darf ich Sie morgen Abend zum Essen einladen?*
On se voit à quelle heure ?	*Wann treffen wir uns?*
On se retrouve à 9h devant le parc.	*Wir treffen uns um 9:00 vor dem Park.*
Je viens vous chercher.	*Ich hole Sie ab.*
Est-ce que je peux vous revoir ?	*Kann ich Sie wieder sehen?*
J'ai passé une excellente soirée.	*Das war wirklich ein schöner Abend.*

Politik
und
Gesell-
schaft

Politik

le peuple
[pœpl] **das Volk**
Dans une démocratie, le peuple élit ses représentants. ↔ *In einer Demokratie wählt das Volk seine Vertreter.*

la nation
[nasjɔ̃] **die Nation**
Le président de la République a fait un discours devant la nation. ↔ *Der Staatspräsident hat eine Rede vor der Nation gehalten.*

l'État
[eta] **der Staat**
Le sommet a réuni de nombreux chefs d'État. ↔ *Der Gipfel hat viele Staatschefs zusammengeführt.*

le pays
[pei] **das Land**
Tu viens de quel pays ? ↔ *Aus welchem Land kommst du?*

la liberté
[libɛʀte] **die Freiheit**
La devise de la France c'est « Liberté, Egalité, Fraternité ». ↔ *Frankreichs Devise ist „Freiheit, Gleichheit, Brüderlichkeit"*

l'indépendance
[ɛ̃depɑ̃dɑ̃s] **die Unabhängigkeit**
Le 4 juillet, les États-Unis fêtent leur indépendance. ↔ *Am 4. Juli feiern die USA ihre Unabhängigkeit.*

la démocratie
[demɔkʀasi] **die Demokratie**
Dans une démocratie, on respecte chaque individu. ↔ *In einer Demokratie respektiert man jeden Einzelnen.*

démocratique
[demɔkʀatik] **demokratisch**
Tu penses que c'est un pays démocratique ? ↔ *Denkst du, dass es ein demokratisches Land ist?*

la constitution
[kɔ̃stitysjɔ̃] **die Verfassung**
Le Royaume-Uni n'a pas de constitution écrite. ↔ *Das Vereinigte Königreich hat keine schriftliche Verfassung.*

le régime politique
[ʀeʒimpɔlitik] **die Regierungsform**
La France a un régime démocratique parlementaire. ↔ *Frankreich hat eine demokratisch-parlamentarische Regierungsform.*

la république
[ʀepyblik] **die Republik**
Dans une république, les citoyens sont représentés par les hommes politiques. ↔ *In einer Republik werden die Bürger durch Politiker vertreten.*

le citoyen
[sitwajɛ̃] **citoyenne der Bürger, die Bürgerin**
Il est citoyen allemand. ↔ *Er ist deutscher Staatsbürger.*

l'élection
[elɛksjɔ̃] **die Wahl**
Dimanche, ce sont les élections municipales, nous irons voter. ↔ *Am Sonntag sind Kommunalwahlen, wir werden wählen gehen.*

voter
[vɔte] **wählen**
Tous les citoyens de plus de dix-huit ans peuvent voter. ↔ *Alle Bürger über achtzehn Jahre dürfen wählen.*

la monarchie
[mɔnaʀʃi] **die Monarchie**
L'Espagne, la Norvège, la Suède, le Danemark, les Pays-Bas et la Belgique sont aussi des monarchies. ↔ *Spanien, Norwegen, Schweden, Dänemark, Holland und Belgien sind ebenfalls Monarchien.*

le roi
[ʀwa] **reine der König, die Königin**
Qui sera le prochain roi du Royaume-Uni ? ↔ *Wer wird der nächste König des Vereinigten Königreichs?*

le royaume
[ʀwajom] **das Königreich**
Un royaume est un pays à la tête duquel se trouve un roi ou une reine. ↔ *Ein Königreich ist ein Land, in dem ein König oder eine Königin an der Spitze steht.*

la dictature
[diktatyʀ] **die Diktatur**
Jusque dans les années 70 c'était une dictature. ↔ *Bis in die Siebziger herrschte hier eine Diktatur.*

Papa râle encore sur la situation politique mondiale.
Papa meckert mal wieder zur weltpolitischen Lage.

le droit
[dʀwa] **das Recht**
Mon chef n'a aucune notion du droit du travail. ↔ *Mein Chef hat überhaupt keine Ahnung von Arbeitsrecht.*

la loi
[lwa] **das Gesetz**
La police fait respecter la loi. → *Die Polizei sorgt dafür, dass das Gesetz befolgt wird.*

légal
[legal] **légale** **gesetzlich**
Ce que vous proposez n'est pas du tout légal ! → *Das, was Sie vorschlagen, ist keineswegs legal!*

Regierung und Opposition

la politique
[pɔlitik] **die Politik**
Il s'intéresse beaucoup à la politique et lit beaucoup de journaux. → *Er interessiert sich sehr für Politik und liest viele Zeitungen.*

politique
[pɔlitik] **politisch**
Aux réunions de famille, nous avons toujours de grandes discussions politiques. → *Bei Familienfesten führen wir immer große politische Diskussionen.*

le parti
[paʀti] **die Partei**
Les partis politiques aimeraient tous avoir le pouvoir. → *Die politischen Parteien möchten alle die Macht haben.*

le membre
[mɑ̃bʀ] **das Mitglied**
Chloé s'intéresse beaucoup à l'écologie, elle est membre de Greenpeace. → *Chloé interessiert sich sehr für Ökologie, sie ist Mitglied bei Greenpeace.*

le gouvernement
[guvɛʀnəmɑ̃] **die Regierung**
Le gouvernement a adopté une nouvelle loi sur les retraites. → *Die Regierung hat ein neues Rentengesetz verabschiedet.*

le / la ministre
[ministʀ] **der Minister, die Ministerin**
Le ministre de l'Intérieur a parlé devant une grande assemblée. → *Der Innenminister hat vor einer großen Versammlung gesprochen.*

le chancelier
[ʃɑ̃səlje] **chancelière** **der Kanzler, die Kanzlerin**
La chancelière fédérale gouverne l'Allemagne. ↔ *Die Bundeskanzlerin regiert Deutschland.*

le président
[pʀezidɑ̃] **présidente** **der Präsident, die Präsidentin**
Le président de l'Assemblée nationale est élu au début de la législature. ↔ *Der Präsident der Nationalversammlung wird am Anfang der Legislaturperiode gewählt.*

l'administration
[administʀasjɔ̃] **das Amt**
Dès son premier jour au sein de l'administration, il a mis d'importants changements en place. ↔ *An seinem ersten Tag im Amt führte er wichtige Veränderungen ein.*

le parlement
[paʀləmɑ̃] **das Parlament**
Le parlement a voté contre la proposition de loi. ↔ *Das Parlament hat gegen die Gesetzesvorlage gestimmt.*

représenter
[ʀ(ə)pʀezɑ̃te] **vertreten, repräsentieren**
Les citoyens sont représentés par leurs députés. ↔ *Die Bürger werden durch ihre Abgeordneten vertreten.*

l'opposition
[ɔpozisjɔ̃] **die Opposition**
L'opposition espère bientôt accéder au pouvoir. ↔ *Die Opposition hofft, bald an die Macht zu kommen.*

débattre
[debatʀ] **diskutieren, debattieren**
Les politiques débattent au parlement de changements au sein du système éducatif. ↔ *Die Politiker debattierten im Parlament die Änderungen im Bildungssystem.*

tomber d'accord
[tɔ̃bedakɔʀ] **sich einigen**
Ils sont tombé d'accord pour ajourner la question. ↔ *Sie einigten sich darauf, die Sache zu vertagen.*

pour
[puʀ] **für**
Plusieurs ministres ont voté pour la nouvelle loi. ↔ *Mehrere Minister stimmten für das neue Gesetz.*

contre
[kɔ̃tʀ] **gegen**
L'opposition a voté contre les projets du gouvernement. ↔ *Die Opposition stimmte gegen die Pläne der Regierung.*

Il raconte que des conneries. Der redet bloß 'n Scheiß.

le discours
[diskuʀ] **die Rede**
Les militants se réunissent pour écouter le discours du président. ↔ *Die Mitglieder versammelten sich, um die Rede des Präsidenten anzuhören.*

Sozialstaat

le système
[sistɛm] **das System**
La France et l'Allemagne ont des systèmes de santé différents. ↔ *Deutschland und Frankreich haben ein unterschiedliches Gesundheitssystem.*

le revenu
[ʀəvny] **das Einkommen**
Dans certains secteurs, les revenus ont considérablement baissé. ↔ *In bestimmten Bereichen ist das Einkommen beachtlich gesunken.*

les impôts
[ɛ̃po] **die Steuer**
Le gouvernement a décidé d'augmenter les impôts. ↔ *Die Regierung hat entschieden, die Steuern zu erhöhen.*

la déclaration d'impôt(s)
die Steuererklärung
Tu as déjà fait ta déclaration d'impôts ? ↔ *Hast du schon deine Steuererklärung gemacht?*

Et merde ! Je dois encore payer un gros rappel ! **Ah du Scheiße! Ich muss schon wieder so viel nachzahlen!**

non imposable
[nɔ̃ɛ̃pozabl] **steuerfrei**
Vous avez des revenus non imposables ? ↔ *Hast du ein steuerfreies Einkommen?*

soutenir
[sut(ə)niʀ] **unterstützen**
Je soutiens les manifestants, ils ont raison de se battre ainsi. ↔ *Ich unterstütze die Demonstranten, sie haben Recht, so zu kämpfen.*

l'aide financière
[-finɑ̃sje] **die Unterstützung, Beihilfe**
Tu touches des aides sociales ? ↔ *Bekommst du denn irgendwelche Sozialleistungen?*

la retraite
[ʀ(ə)tʀɛt] **die Pension, Rente, der Ruhestand**
Mon mari ne travaille plus depuis trois ans, il est en retraite. ↔ *Mein Mann arbeitet seit drei Jahren nicht mehr, er ist in Rente.*

riche
[ʀiʃ] **riche reich**
Je crois qu'ils sont plutôt riches. ↔ *Ich glaube, sie sind eher reich.*

pauvre
[povʀ] **pauvre arm**
Ils sont pauvres et peuvent à peine payer leur loyer. ↔ *Sie sind arm und können kaum ihre Miete bezahlen.*

Innen- und Außenpolitik

le pays natal
[pei] **das Heimatland**
Pierre adore son pays natal. ↔ *Pierre liebt sein Heimatland.*

la capitale
[kapital] **die Hauptstadt**
Quand est-ce que l'Allemagne a transféré sa capitale de Bonn à Berlin ?

•• *Wann hat Deutschland seine Hauptstadt von Bonn nach Berlin verlegt?*

la frontière
[fRɔ̃tjɛR] **die (Staats)grenze**
Des soldats patrouillaient à la frontière. •• *Soldaten patrouillierten die Grenze.*

le drapeau
[dRapo] **die Flagge, Fahne**
Le drapeau français est tricolore : bleu, blanc, rouge. •• *Die Fahne Frankreichs ist dreifarbig: blau, weiß, rot.*

national
[nasjɔnal] **nationale**
national
Qui a décidé que la signature du traité relevait de l'intérêt national ? •• *Wer hat entschieden, dass es im nationalen Interesse liegt, den Vertrag zu unterschreiben?*

international
[ɛ̃tɛRnasjɔnal] **internationale international**
Ce traité est important pour le commerce international. •• *Dieser Vertrag ist wichtig für den internationalen Handel.*

étranger
[etRɑ̃ʒe] **étrangère**
ausländisch
Tu aimes la cuisine étrangère ? •• *Magst du ausländische Küche?*

l'étranger
[etRɑ̃ʒe] **étrangère der Ausländer, die Ausländerin**
Mes voisins sont des étrangers, ils viennent du Maroc. •• *Meine Nachbarn sind Ausländer, sie kommen aus Marokko.*

l'étranger
[etRɑ̃ʒe] **das Ausland**
Le groupe veut étendre ses activités à l'étranger. •• *Der Konzern will seine Aktivitäten auf das Ausland ausdehnen.*

l'Europe
[øRɔp] **das Europa**
Vous trouverez un rapport sur le développement durable en Europe sur le site de l'UE. •• *Sie finden/Ihr findet einen Bericht über die nachhaltige Entwicklung Europas auf der Website der EU.*

l'organisation
[ɔRganizasjɔ̃] **die Organisation**
Ensemble, ils ont fondé une organisation pour la protection de l'environnement. •• *Sie haben gemeinsam eine Umweltschutzorganisation gegründet.*

la conférence
[kɔ̃feRɑ̃s] **die Konferenz**
La conférence internationale sur la protection des

animaux a été un succès. ↠ *Die internationale Tierschutzkonferenz war ein Erfolg.*

négocier
[negɔsje] **verhandeln**
Ils ont négocié toute la nuit. ↠ *Sie haben die ganze Nacht lang verhandelt.*

la négociation
[negɔsjasjɔ̃] **die Verhandlung**
La nouvelle loi est le fruit de longues et difficiles négociations. ↠ *Das neue Gesetz ist das Ergebnis langer und zäher Verhandlungen.*

le traité
[tʀɛt] **der Vertrag, Abkommen**
Ce traité va changer le paysage politique européen. ↠ *Dieser Vertrag wird die politische Landschaft Europas verändern.*

l'accord
[akɔʀ] **die Vereinbarung, Zustimmung**
Après deux jours de négociations, un accord a enfin été trouvé. ↠ *Nach zwei Tagen Verhandlung erzielte man endlich eine Einigung.*

officiel
[ɔfisjɛl] **officielle offiziell, amtlich**
Personne n'a cru le rapport officiel. ↠ *Keiner glaubte dem offiziellen Bericht.*

le diplomate
[diplɔmat] **diplomate der Diplomat, die Diplomatin**
Dans l'ambassade se trouvaient plein de diplomates étrangers. ↠ *In der Botschaft waren lauter ausländische Diplomaten.*

diplomatique
[diplɔmatik] **diplomatisch**
Entre ces deux pays, il n'y a plus de relations diplomatiques ↠ *Zwischen den beiden Ländern gibt es keine diplomatische Beziehungen mehr.*

neutre
[nøtʀ] **neutral**
La Suisse est un pays neutre. ↠ *Die Schweiz ist ein neutrales Land.*

l'ambassadeur
[ɑ̃basadœʀ] **ambassadrice der Botschafter, die Botschafterin**
L'ambassadeur donne une réception demain soir. ↠ *Der Botschafter gibt morgen Abend einen Empfang.*

l'ambassade
[ɑ̃basad] **die Botschaft**
La réception a lieu à l'ambassade. ↠ *Der Empfang findet in der Botschaft statt.*

le consulat
[kɔ̃syla] **das Konsulat**
Quelle est la différence entre un consulat et une

ambassade ? ↔ *Was ist der Unterschied zwischen einem Konsulat und einer Botschaft?*

Sais-tu où se trouve le consulat d'Allemagne ? **Weißt du wo das deutsche Konsulat ist?**

l'immigration
[imigʀasjɔ̃] **immigrée**
die Einwanderung
Ce nouveau projet de loi sur l'immigration est très controversé. ↔ *Das neue Gesetzesvorhaben zur Einwanderungsregelung ist sehr umstritten.*

émigrer
[emigʀe] **auswandern, emigrieren**
L'année prochaine nous émigrons en Australie. ↔ *Wir wandern nächstes Jahr nach Australien aus.*

l'émigration
[emigʀasjɔ̃] **die Auswanderung, Emigration**
Émigration signifie quitter son pays pour aller vivre dans un autre. ↔ *Emigration bedeutet, sein Heimatland zu verlassen, um in einem anderen Land zu leben.*

Das Wichtigste in Kürze

En tchatchant	**Tratsch und Klatsch**
Ça gaze ? Ça boume ?	*Na, alles klar / gut drauf?*
Wesh tranquille !	*Hi! / Hallo!*
Tranquille !	*Alles klar! / Alles in Butter!*
Cool !	*Cool! Geil!*
Pas de problème ! No problemo !	*Kein Problem!*
Nickel !	*Perfekt!*
Génial! Trop bien !	*Genial! / Super! / Klasse!*
Ç'est mortel / Ça déchire !	*Hammergeil! / Das haut voll rein!*
C'est trop de la balle !	*Das ist voll der Hammer!*
Le truc de ouf ! *ugs*	*Voll das irre Teil / Zeug!*
J'hallucine !	*Ich kann's nicht fassen! / Ich glaube, ich spinne!*
C'est du délire !	*Der helle Wahnsinn!*
Sans blague ? / Sérieux ? / Sans déconner ?	*Ohne Witz? / Im Ernst? / Ohne Mist / Scheiß?*
Tu déconnes ou quoi ?	*Spinnst du, oder was?*
Tu racontes que des salades…	*Du redest nur Quark …*
Arrête tes conneries !	*Hör mit dem Unsinn auf! / Hör auf mit dem Scheiß!*
Oh, le mytho !	*Voll der Lügner!*
Tais-toi ! Ferme-la !	*Halt die Klappe!*
Ferme ta gueule ! *vulg*	*Halt die Fresse! / Halt's Maul!*

Im Notfall

Hilfe!

aïe !
[aj] **aua!** *ugs*
Aïe ! Ça fait mal ! ↔ *Aua! Das tut weh!*

la douleur
[dulœʀ] **der Schmerz**
La douleur est insupportable. ↔ *Der Schmerz ist unerträglich.*

faire mal
[fɛʀmal] **schmerzen**
Mon épaule me fait mal. ↔ *Mir schmerzt die Schulter.*

(se) blesser
[blese] **(sich) verletzen**
Tu t'es blessé ? ↔ *Hast du dich verletzt?*

la blessure
[blesyʀ] **die Verletzung**
À l'hôpital, une infirmière a soigné ma blessure. ↔ *Im Krankenhaus hat sich eine Krankenschwester um meine Verletzung gekümmert.*

blessé
[blese] **blessée** **verletzt**
Il est blessé, on l'a poussé dans l'escalier. ↔ *Er ist verletzt, man hat ihn die Treppe hinuntergestoßen.*

se sentir
[sɑ̃tiʀ] **sich fühlen**
Comment tu te sens ? Tu es un peu pâle. ↔ *Wie fühlst du dich? Du siehst ein bisschen blass aus.*

aller mal
[ale] **schlecht gehen**
Elle va mal. ↔ *Es geht ihr schlecht.*

aller bien
[alebjɛ̃] **gut gehen**
Il va mieux. ↔ *Es geht ihm besser.*

bof *ugs*
[bɔf] **nicht gut**
Comment tu vas ? – Bof, moyen. ↔ *Wie geht es dir? – Nicht so gut.*

Il est malade il a la courante.

Er ist krank, er hat Dünnpfiff.

la maladie
[maladi] **die Krankheit**
Le cancer est une maladie grave. ↔ *Krebs ist eine schwere Krankheit.*

la fièvre
[fjɛvʀ] **das Fieber**
Hier j'avais plus de 39° de fièvre. ↔ *Gestern hatte sie über 39° Fieber.*

contagieux
[kɔ̃taʒjø] **contagieuse**
ansteckend
Cette maladie est très contagieuse. ↔ *Diese Krankheit ist sehr ansteckend.*

contaminer
[kɔ̃tamine] **anstecken, infizieren**
Il a été contaminé par une transfusion sanguine. ↔ *Er hatte sich bei einer Bluttransfusion infiziert.*

curable
[kyʀabl] **curable** **heilbar**
À ce stade, ce cancer est tout à fait curable. ↔ *In diesem Stadium ist dieser Krebs vollständig heilbar.*

incurable
[ɛ̃kyʀabl] **incurable**
unheilbar
Liliane est atteinte d'une maladie incurable. ↔ *Liliane hat eine unheilbare Krankheit.*

le médicament
[medikamɑ̃] **das Medikament, die Droge**
Ces médicaments me rendent malade ! ↔ *Diese Medikamente machen mich krank!*

le comprimé
[kɔ̃pʀime] **die Tablette**
Prenez un comprimé par jour. ↔ *Nehmen Sie eine Tablette am Tag.*

la pharmacie
[faʀmasi] **die Apotheke**
Je dois passer à la pharmacie. ↔ *Ich muss kurz zur Apotheke.*

l'ordonnance
[ɔʀdɔnɑ̃s] **das (Arzt)rezept**
Le médecin t'a fait une ordonnance pour les médicaments ? ↔ *Hat dir der Arzt/die Ärztin ein Rezept für die Medikamente ausgestellt?*

l'accident
[aksidɑ̃] **der Unfall**
Mon oncle et ma tante ont eu un accident de voiture sur l'autoroute. ↔ *Mein Onkel und meine Tante hatten einen Autounfall auf der Autobahn.*

se passer
[pɑse] **passieren, geschehen**
Comment s'est passé l'accident ? ↔ *Wie ist der Unfall passiert?*

casser
[kɑse] **brechen, kaputtmachen**
Je crois que je me suis cassé le doigt. ↔ *Ich glaube, ich habe mir den Finger gebrochen.*

tomber
[tɔ̃be] **fallen**
Il est tombé de cheval et s'est cassé la jambe. ↔ *Er ist vom Pferd gefallen und hat sich das Bein gebrochen.*

couper
[kupe] **schneiden**
Il s'est coupé à la main. ↔ *Er hat sich in die Hand geschnitten.*

se noyer
[nwaje] **ertrinken, ertränken**
Elle s'est noyée il y a deux ans. ↔ *Sie ist vor zwei Jahren ertrunken.*

l'ambulance
[ɑ̃bylɑ̃s] **der Krankenwagen**
Vite ! Appelez une ambulance ! Il est inconscient. ↔ *Schnell! Rufen Sie einen Krankenwagen! Er ist bewusstlos.*

les pompiers
[pɔ̃pje] **das Feuerwehr**
Les pompiers ont éteint un feu en forêt. ↔ *Die Feuerwehr hat ein Feuer im Wald gelöscht.*

le SAMU
[samy] **der Notarzt**
Dans ce cas, il faut appeler le SAMU. ↔ *In diesem Fall muss man den Notarzt rufen.*

la victime
[viktim] **das Opfer**
Les victimes du bombardement ont été transportées à l'hôpital. ↔ *Die Opfer des Bombenanschlags wurden ins Krankenhaus gebracht.*

le numéro d'urgence
[nymeʀodyʀʒɑ̃s] **die Notrufnummer**
Le numéro d'urgence européen est le 112. ↔ *Die europäische Notrufnummer ist die 112.*

aider
[ede] **helfen**
Je peux vous aider ? ↔ *Kann ich dir / euch / Ihnen helfen?*

aller chercher de l'aide
Hilfe holen
Je m'occupe de lui, et toi tu vas chercher de l'aide. ↔ *Ich kümmere mich um ihn und du holst Hilfe.*

les premiers secours
[pʀəmje səkuʀ] **Erste Hilfe**
Les membres de l'équipage doivent suivre une formation aux premiers secours. ↔ *Die gesamte Besatzung muss einen Erste-Hilfe-Kurs absolvieren.*

sauver
[sove] **retten**
Il a failli se noyer, un baigneur l'a sauvé. ↔ *Er ist fast ertrunken, ein Schwimmer hat ihn gerettet.*

faire du bouche-à-bouche
[fɛʀdybuʃabuʃ] **beatmen**
Il faut lui faire tout de suite du bouche-à-bouche. ↔ *Er muss sofort beatmet werden!*

le défibrillateur
[defibʀilatœʀ] **der Defibrillator**
Les médecins ont dû utiliser un défibrillateur. ↔ *Die Ärzte mussten den Defibrilator benutzen.*

la plaie
[plɛ] **die Wunde**
Sa plaie à la poitrine saignait. ↔ *Er blutete aus einer Wunde in der Brust.*

le sang
[sɑ̃] **das Blut**
On lui a fait une prise de sang. ↔ *Sie haben ihm Blut abgenommen.*

saigner
[seɲe] **bluten**
La plaie ne saignait déjà presque plus. ↔ *Die Wunde blutete schon fast nicht mehr.*

le bandage
[bɑ̃daʒ] **das Verband**
Je me suis coupé le doigt, est-ce que tu as un pansement ? ↔ *Ich habe mir in den Finger geschnitten, hast du ein Pflaster?*

bander
[bɑ̃de] **verbinden**
Tu peux bander cette plaie ? ↔ *Kannst du diese Wunde verbinden?*

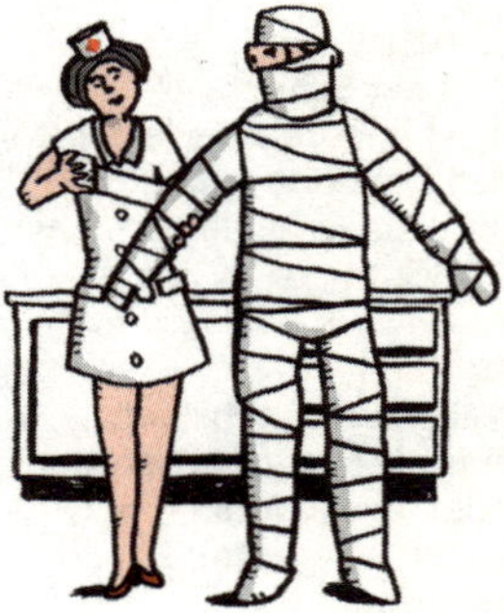

conscient
[kɔ̃sjɑ̃] **consciente**
bewusst
Elle est sous le choc, mais consciente. ↔ *Sie ist unter Schock, aber bei Bewusstsein.*

inconscient
[ɛ̃kɔ̃sjɑ̃] **inconsciente**
bewusstlos
Il a été retrouvé inconscient dans la rue. ↔ *Er wurde bewusstlos auf der Straße gefunden.*

tomber dans les pommes *ugs*
in Ohnmacht fallen
Plusieurs personnes sont tombées dans les pommes à cause de la chaleur. ↔ *Mehrere Leute wurden in der Hitze bewusstlos.*

la panique
[panik] **die Panik**
Pas de panique, ça va aller. ↔ *Nur keine Panik, alles wird gut.*

le choc
[ʃɔk] **der Schock**
Il est encore sous le choc de l'accident. ↔ *Er steht (nach dem Unfall) noch unter Schock.*

crier
[kʀije] **rufen, schreien**
Nous les avons entendus crier au secours. ↔ *Wir hörten, wie sie um Hilfe schrien.*

hystérique
[isteʀik] **hystérique**
hysterisch
La plupart sont restés calmes, sauf une dame qui est devenue plutôt hystérique. ↔ *Die meisten blieben ruhig, nur eine Dame wurde ziemlich hysterisch.*

Im Krankenhaus

l'hôpital
[ɔpital] **das Krankenhaus**
Mon mari est médecin, il travaille à l'hôpital. ↔ *Mein Mann ist Arzt, er arbeitet im Krankenhaus.*

le patient
[pasjɑ̃] **patiente**
der Patient, die Patientin
Dr Leroy est très gentil avec ses patients. ↔ *Doktor Leroy ist sehr nett zu seinen Patienten.*

l'assurance maladie
die (Kranken)versicherung
Vous avez une assurance maladie pour l'étranger ? ↔ *Haben Sie eine Kranken(auslands)versicherung?*

le médecin (généraliste)
[medsɛ̃] **der (Allgemein)arzt, die (Allgemein)ärztin** *Anrede*
Pour une grippe, allez chez le généraliste. ↔ *Gehen Sie bei einer Grippe zum Allgemeinmediziner.*

le spécialiste
[spesjalist] **spécialiste**
der Facharzt, die Fachärztin
Le médecin m'a envoyé voir un spécialiste. → *Der Arzt hat mich zu einem Facharzt überwiesen.*

le dentiste
[dɑ̃tist] **dentiste der Zahnarzt, die Zahnärztin**
Sonia a mal aux dents, elle va chez le dentiste. → *Sonia hat Zahnschmerzen, sie geht zum Zahnarzt.*

la consultation
[kɔ̃syltasjɔ̃] **die Sprechstunde**
Le médecin ne consulte pas le lundi. → *Der Arzt hat montags keine Sprechstunde.*

la salle d'attente
[sal-] **das Wartezimmer**
Prenez place un instant dans la salle d'attente. → *Nehmen Sie einen Augenblick im Wartezimmer Platz.*

T'es pas un peu malade ?
Geht's dir noch gut?

le traitement
[tʀɛtmɑ̃] **die Behandlung**
Elle essaie un nouveau traitement. → *Sie versucht eine neue Behandlung.*

examiner
[ɛgzamine] **untersuchen**
Le docteur a examiné ma blessure. → *Der Arzt hat meine Verletzung untersucht.*

l'examen
[ɛgzamɛ̃] **die Untersuchung**
Vous avez les résultats de vos examens? → *Haben Sie/Habt ihr die Ergebnisse Ihrer/eurer Untersuchungen?*

être allongé
[ɛtʀalɔ̃ʒ] **être allongée**
liegen
Il faut que tu restes allongé. → *Du musst liegen bleiben.*

la radio
[ʀadjo] **das Röntgenbild**
Ils lui font une radio du bras pour s'assurer qu'il n'est pas cassé. → *Sie röntgten seinen Arm, um zu sicherzugehen, dass er nicht gebrochen war.*

le diagnostic
[djagnɔstik] **die Diagnose**
Ils ont fait quelques examens pour confirmer le diagnostic. → *Sie machten ein paar Tests, um die Diagnose des Arztes zu überprüfen.*

diagnostiquer
[djagnɔstike] **diagnostizieren, eine Diagnose stellen**
C'est une maladie très

difficile à diagnostiquer. ↠ *Diese Krankheit ist sehr schwer zu diagnostizieren.*

le service hospitalier

[sɛʀvisɔspitalje] **die Krankenhausabteilung**
Le bébé est dans quel service? En pédiatrie. ↠ *In welcher Krankenhausabteilung ist das Baby? Auf der Kinderstation.*

les soins intensifs

[swɛ̃ ɛ̃tɑ̃sif] **die Intensivstation**
Elle est aux soins intensifs depuis trois jours. ↠ *Sie ist seit drei Tagen auf der Intensivstation.*

le lit

[li] **das Bett**
Il y a combien de lits dans ce service ? ↠ *Wie viele Betten gibt es dort auf der Station?*

l'infirmier

[ɛ̃fiʀmje] **infirmière der Krankenpfleger, die Krankenschwester**
Bébert n'aime pas les infirmières, il a peur des piqûres. ↠ *Bébert mag keine Krankenschwestern, er hat Angst vor Spritzen.*

l'opération

[ɔpeʀasjɔ̃] **die Operation**
C'est une petite opération de rien du tout. ↠ *Das ist eine klitzekleine Operation, fast gar nichts.*

l'anesthésie générale

[anɛsteziʒeneʀal] **die Narkose**
Il faut absolument opérer sous anesthésie générale. ↠ *Das müssen wir auf jeden Fall unter Narkose operieren.*

l'anesthésie locale

[-lɔkal] **die örtliche Betäubung**
L'opération est pratiquée sous anesthésie locale. ↠ *Die Operation wird unter einer örtlichen Betäubung durchgeführt.*

vivant

[vivɑ̃] **vivante lebendig, am Leben**
On les a retrouvés vivants. ↠ *Sie wurden lebendig aufgefunden.*

mort

[mɔʀ] **morte tot**
Elle est morte dans un accident de voiture. ↠ *Er ist bei einem Autounfall ums Leben gekommen.*

la mort

[mɔʀ] **der Tod**
Sa mort subite nous a tous beaucoup affectés. ↠ *Sein plötzlicher Tod ist uns allen sehr nahe gegangen.*

le cadavre
[kadɑvʀ] **die Leiche**
On a trouvé un cadavre dans la forêt. → *Im Wald wurde eine Leiche gefunden.*

mourir
[muʀiʀ] **sterben**
Mon père est mort quand j'avais quatre ans. → *Mein Vater starb, als ich vier Jahre alt war.*

survivre
[syʀvivʀ] **saine** **überleben**
Elle a survécu à l'accident d'avion. → *Sie hat den Flugzeugabsturz überlebt.*

la santé
[sɑ̃te] **die Gesundheit**
Maurice est très vieux mais en parfaite santé. → *Maurice ist sehr alt, aber bei bester Gesundheit.*

sain
[sɛ̃] **gesund**
Il faut veiller à une alimentation saine. → *Man muss auf eine gesunde Ernährung achten.*

guérir
[geʀiʀ] **heilen**
La plaie est enfin guérie. → *Die Wunde ist endlich geheilt.*

Das Wichtigste in Kürze

À la pharmacie	**In der Apotheke**
l'aspirine®	*das Aspirin®*
le préservatif	*das Kondom*
la crème pour les coups de soleil	*die Sonnenbrandsalbe*
le désinfectant	*das Desinfektionsmittel*
la bande de gaze	*die Mullbinde*
les gouttes	*die Tropfen*
les gouttes auriculaires	*die Ohrentropfen*
l'insecticide	*das Insektizid*
l'insuline	*das Insulin*
le sirop pour la toux	*der Hustensaft*
le laxatif	*das Abführmittel*
le médicament	*das Medikament*
le médicamento pour la circulation sanguine	*das Kreislaufmittel*
le comprimé	*die Tablette*
les comprimés contre la douleurs	*die Schmerztabletten*
les comprimés contre les maux de tête	*die Kopfschmerztabletten*
la pommade	*die Salbe*
la pommade pour les brulûres	*die Brandsalbe*
l'ordonnance	*das Rezept*
le suppositoire	*das Zäpfchen*
le thermomètre	*der Thermometer*
le pansement	*das Pflaster*
le tranquillisant, le calmant	*das Beruhigungsmittel*

Raum und Zeit

Tageszeiten

le jour
[ʒuʀ] **der Tag**
Elle se lève tous les jours à sept heures. ↔ *Sie steht jeden Tag um sieben auf.*

la journée
[ʒuʀne] **der Tag**
Je vous souhaite une bonne journée ! ↔ *Ich wünsche euch/Ihnen einen schönen Tag!*

le matin
[matɛ̃] **der Morgen, der Vormittag**
Je me lève à six heures tous les matins. ↔ *Ich stehe jeden Morgen um sechs Uhr auf.*

le midi
[midi] **der Mittag (zwölf Uhr)**
A midi je vais au restaurant. ↔ *Zum Mittag gehe ich ins Restaurant.*

l'après-midi
[apʀɛ midi] **der Nachmittag**
Nous avons passé tout l'après-midi en ville à faire des courses. ↔ *Wir haben den ganzen Nachmittag in der Stadt mit Einkaufen verbracht.*

le soir
[swaʀ] **der Abend**
Je vous invite à venir dîner samedi soir. ↔ *Ich lade euch ein, am Samstagabend zum Essen zu kommen.*

la nuit
[nɥi] **die Nacht**
La nuit tombe. ↔ *Es wird Nacht.*

Ils ont fait la fiesta toute la nuit. ugs **Sie haben die ganze Nacht einen draufgemacht.** ugs

minuit
[minɥi] **Mitternacht**
L'entrée est gratuite avant minuit. ↔ *Eintritt ist vor Mitternacht frei.*

aujourd'hui
[oʒuʀdɥi] **heute**
Aujourd'hui tous les bus sont en retard. ↔ *Heute haben alle Busse Verspätung.*

hier
[jɛʀ] **gestern**
Je m'en souviens comme si

c'était hier. ↔ *Ich erinnere mich noch als wäre es erst gestern gewesen!*

avant-hier
[avɑ̃jɛʀ] **vorgestern**
Hier, il est passé me voir, mais avant-hier, je ne l'ai pas vu. ↔ *Er hat mich gestern besucht, aber vorgestern habe ich ihn nicht gesehen.*

demain
[dəmɛ̃] **morgen**
À demain ! ↔ *Bis morgen!*

après-demain
[apʀɛ dəmɛ̃] **übermorgen**
On se retrouve après-demain à quatre heures. ↔ *Wir treffen uns übermorgen um vier Uhr.*

prochain
[pʀɔʃɛ̃] **prochaine**
nächste(r, s)
Il vient la semaine prochaine. ↔ *Er kommt nächste Woche.*

dernier
[dɛʀnje] **dernière** **letzte(r, s)**
Le week-end dernier on était à Strasbourg. ↔ *Letztes Wochenende waren wir in Straßburg.*

la date
[dat] **das Datum**
Quelle date sommes-nous aujourd'hui ? ↔ *Welches Datum haben wir heute?*

l'heure
[œʀ] **die Stunde**
Je n'ai pas vu l'heure passer. Il est déjà minuit ! ↔ *Ich habe gar nicht bemerkt, wie die Zeit vergeht. Es ist ja schon Mitternacht!*

On l'attend depuis trois plombes. slang **Wir warten seit drei Stunden auf sie.**

la minute
[minyt] **die Minute**
Deux minutes, s'il vous plaît. ↔ *Zwei Minuten, bitte!*

la seconde
[s(ə)gɔ̃d] **die Sekunde**
Ce réveil n'affiche pas les secondes. ↔ *Dieser Wecker zeigt die Sekunden nicht an.*

la montre
[mɔ̃tʀ] **die Uhr**
Il est quelle heure à ta montre ? ↔ *Wie viel Uhr ist es auf deiner Uhr?*

l'aiguille
[egɥij] **der Zeiger**
La petite aiguille est sur le deux. ↔ *Der kleine Uhrzeiger steht auf zwei.*

à
[a] **um, bis**
De huit heures à neuf heures. ↔ *Von acht bis neun Uhr.*

à partir de
[paʀtiʀ] **ab**
Vous pouvez venir chercher votre colis à partir de quatorze heures. ↔ *Sie können Ihr Paket ab vierzehn Uhr abholen.*

bientôt
[bjɛ̃to] **bald**
J'espère avoir bientôt de vos nouvelles. ↔ *Ich hoffe, bald von euch zu hören.*

tôt
[to] **früh**
Donnez-moi votre réponse le plus tôt possible. ↔ *Geben Sie mir Ihre Antwort so früh wie möglich!*

tard
[taʀ] **spät**
Tu es rentré tard hier soir ? ↔ *Bist du gestern spät nach Hause gekommen?*

avant
[avɑ̃] **vor, davor**
Avant le dessert, il y a le fromage. ↔ *Vor dem Nachtisch gibt es Käse.*

après
[apʀɛ] **nach, danach**
Fais d'abord le premier exercice, tu feras les autres après. ↔ *Mach zuerst die erste Übung, die anderen kannst du danach machen.*

en même temps
gleichzeitig
Vous êtes arrivés en même temps. ↔ *Ihr seid gleichzeitig angekommen.*

tout à l'heure
nachher
À tout à l'heure ! ↔ *Bis nachher!*

pile
[pil] **genau, Punkt ...**
Il arrive toujours à l'heure pile. ↔ *Er kommt immer auf die Minute genau!*

vers
[vɛʀ] **gegen**
Il viendra vers midi. ↔ *Er wird gegen Mittag kommen.*

à l'heure
[œʀ] **pünktlich**
Je suis toujours à l'heure. ↔ *Ich bin immer pünktlich!*

Wenn du Freunde zum Essen einlädtst und die Gäste eine Flasche Wein mitbringen, sollst du diese Flache an dem Abend aufmachen, sonst gilt es als sehr unhöflich. Es sei denn, der Wein passt überhaupt nicht zum Essen.

aussitôt
[osito] **sofort**
Il est parti aussitôt après notre coup de téléphone. ➜ *Er ist sofort nach unserem Telefonat gegangen.*

l'instant
[ɛ̃stɑ̃] **der Moment**
Un instant, s'il vous plaît, je suis à vous tout de suite. ➜ *Einen Moment bitte, ich bin gleich für Sie da.*

parfois
[paʀfwa] **manchmal**
Parfois, je prends le bus au lieu de la voiture. ➜ *Manchmal nehme ich den Bus, anstatt mit dem Auto zu fahren.*

jamais
[ʒamɛ] **nie**
Je ne vais jamais au théâtre. ➜ *Ich gehe nie ins Theater.*

prolonger
[pʀɔlɔ̃ʒe] **verlängern**
Nous avons prolongé notre séjour à Nice d'une semaine. ➜ *Wir haben unseren Aufenthalt in Nizza um eine Woche verlängert.*

écourter
[ekuʀte] **abkürzen**
Nous avons dû écourter notre séjour. ➜ *Wir haben unseren Aufenthalt abkürzen müssen.*

Wochentage

le jour [de la semaine]
[ʒuʀ-] **der Wochentag**
On est quel jour aujourd'hui ? ➜ *Welcher Wochentag ist heute?*

la semaine
[s(ə)mɛn] **die Woche**
Marie ne travaille que quatre jours par semaine. ➜ *Marie arbeitet nur vier Tage in der Woche.*

Il passe ses dimanches au plumard. slang **Er verbringt seine Sonntage in den Federn.** ugs

hebdomadaire
[ɛbdɔmadɛʀ] **hebdomadaire wöchentlich**
Le cours de natation est hebdomadaire. ➜ *Die Schwimmkurse finden wöchentlich statt.*

le lundi
[lœ̃di] **der Montag**
Venez lundi prochain à 15 heures. ↔ *Kommt/Kommen Sie nächsten Montag um 15 Uhr!*

le mardi
[maʀdi] **der Dienstag**
À mardi ! ↔ *Bis Dienstag!*

le mercredi
[mɛʀkʀədi] **der Mittwoch**
Elle va au sauna tous les mercredis. ↔ *Sie geht jeden Mittwoch in die Sauna.*

le jeudi
[ʒødi] **der Donnerstag**
Il m'a donné rendez-vous jeudi à 14 heures. ↔ *Er hat sich mit mir für Donnerstag um 14 Uhr verabredet.*

le vendredi
[vɑ̃dʀədi] **der Freitag**
Vendredi dernier, je suis allé au cinéma. ↔ *Letzten Freitag bin ich ins Kino gegangen.*

le samedi
[samdi] **der Samstag**
Le samedi est jour de marché. ↔ *Am Samstag ist Markttag!*

le dimanche
[dimɑ̃ʃ] **der Sonntag**
Il est chez son père un dimanche sur deux. ↔ *Jeden zweiten Sonntag ist er bei seinem Vater.*

le week-end
[wikɛnd] **das Wochenende**
Bon week-end ! ↔ *Schönes Wochenende!*

Monate

le mois
[mwa] **der Monat**
Mon stage dure deux mois. ↔ *Mein Praktikum dauert zwei Monate.*

mensuel
[mɑ̃sɥɛl] **mensuelle**
monatlich
Il verse une pension alimentaire mensuelle à son ex-femme. ↔ *Er zahlt seiner Exfrau monatliche Alimente.*

janvier
[ʒɑ̃vje] **der Januar**
Il a neigé tout le mois de janvier. ↔ *Es hat den ganzen Januar über geschneit.*

février
[fevʀije] **der Februar**
Elle a pris une semaine

de vacances en février. ↔ *Sie hat sich im Februar eine Woche Urlaub genommen.*

mars

[maʀs] **der März**
Le printemps commence en mars. ↔ *Der Frühling beginnt im März.*

avril [avʀil]

der April
Les arbres fruitiers fleurissent en avril. ↔ *Die Obstbäume blühen im April.*

mai

[mɛ] **der Mai**
J'aime flâner dans Paris au mois de mai. ↔ *Ich liebe es, im Mai durch Paris zu flanieren!*

juin

[ʒɥɛ̃] **der Juni**
Les vacances scolaires commencent fin juin. ↔ *Die Schulferien beginnen Ende Juni.*

juillet

[ʒɥijɛ] **der Juli**
Nous partons en vacances à la fin du mois de juillet. ↔ *Wir fahren Ende Juli in die Ferien.*

août

[u(t)] **der August**
Au mois d'août, la plupart des Français partent en vacances. ↔ *Im Monat August fahren die meisten Franzosen in den Urlaub.*

septembre

[sɛptɑ̃bʀ] **der September**
Septembre est le mois de la rentrée. ↔ *Der September ist der Monat nach der Sommerpause.*

octobre

[ɔktɔbʀ] **der Oktober**
Elle fêtera ses vingt ans en octobre. ↔ *Sie wird ihren 20. Geburtstag im Oktober feiern.*

novembre

[nɔvɑ̃bʀ] **der November**
Elle devra s'absenter du 15 au 30 novembre. ↔ *Sie wird vom 15. bis zum 30. November nicht da sein.*

décembre

[desɑ̃bʀ] **der Dezember**
Au mois de décembre, le chômage était en hausse. ↔ *Im Dezember stieg die Arbeitslosigkeit.*

l'an

[ɑ̃] **das Jahr**
Je l'ai perdu de vue au fil des ans. ↔ *Ich habe ihn im Laufe der Jahre aus den Augen verloren.*

l'année

[ane] **das Jahr**
Bonne année ! ↔ *Frohes neues Jahr!*

annuel
[anɥɛl] **annuelle** **jährlich**
Le rapport annuel sera publié demain. ↔ *Der jährliche Bericht wird morgen veröffentlicht.*

le calendrier
[kalɑ̃dʀije] **der Kalender**
D'après mon calendrier, le 14 juillet tombe un dimanche. ↔ *Laut meinem Kalender fällt der 14. Juli auf einen Sonntag.*

l'agenda
[aʒɛ̃da] **der Terminkalender**
J'ai noté notre rendez-vous dans mon agenda. ↔ *Ich habe unseren Termin in meinem Terminkalender aufgeschrieben.*

le trimestre
[tʀimɛstʀ] **das Vierteljahr**
Le chômage a légèrement baissé au deuxième trimestre. ↔ *Die Arbeitslosigkeit ist im zweiten Quartal leicht gesunken.*

la saison
[sɛzɔ̃] **die Jahreszeit**
Il fait encore froid pour la saison. ↔ *Es ist noch kalt für die Jahreszeit.*

le printemps
[pʀɛ̃tɑ̃] **der Frühling**
Le printemps est la plus belle des saisons. ↔ *Der Frühling ist die schönste Jahreszeit.*

l'été
[ete] **der Sommer**
L'été, nous allons souvent à la plage. ↔ *Im Sommer gehen wir oft zum Strand.*

l'automne
[otɔn] **der Herbst**
L'automne arrive, les feuilles commencent à tomber. ↔ *Der Herbst kommt, die Blätter fangen an, herunterzufallen.*

l'hiver
[ivɛʀ] **der Winter**
En hiver, je vais au ski. ↔ *Im Winter gehe ich Ski fahren.*

Raum

la direction
[diʀɛksjɔ̃] **die Richtung**
Dans quelle direction se trouve la mairie ? ↔ *In welcher Richtung befindet sich das Rathaus?*

où
[u] **wo, wohin**
Où est-ce que tu vas ? ↔ *Wohin gehst du?*

d'où
[du] **woher**
D'où viens-tu ? ↔ *Wo kommst du her?*

ici
[isi] **hier**
Ici, c'est le meilleur endroit pour prendre des photos. ↔ *Hier ist der beste Ort, um Fotos zu machen.*

là-bas
[labɑ] **da, dort**
J'irai là-bas si tu veux. ↔ *Ich werde dort hingehen, wenn du möchtest.*

à droite
[dʀwat] **rechts**
A droite vous apercevez la nouvelle bibliothèque. ↔ *Rechts sehen Sie die neue Bibliothek.*

à gauche
[goʃ] **links**
Prenez la première rue à gauche après le feu. ↔ *Nehmt die erste Straße linker Hand, nach der Ampel.*

tout droit
[tudʀwa] **geradeaus**
Vous allez d'abord tout droit, puis vous prenez la deuxième rue à gauche. ↔ *Gehen Sie zuerst geradeaus und dann die zweite Straße rechts entlang.*

à côté
[akote] **nebenan**
Combien de personnes vivent à côté ? ↔ *Wie viele Leute wohnen nebenan?*

en face de
[ɑ̃fasdə] **gegenüber (von)**
On se retrouve au café en face de l'église. ↔ *Wir treffen uns im Café gegenüber der Kirche.*

derrière
[dɛʀjɛʀ] **hinter (dahinter)**
Il y a une petite cour derrière la maison. ↔ *Hinter dem Haus gibt es einen kleinen Hof.*

devant
[d(ə)vɑ̃] **vor**
Rendez-vous devant la mairie. ↔ *Wir treffen uns vor dem Rathaus.*

loin de
[lwɛ̃də] **weit (von ...)**
L'office du tourisme n'est pas loin d'ici. ↔ *Das Fremdenverkehrsamt ist nicht weit von hier (entfernt).*

près de
[pʀɛdə] **nah(e), in der Nähe**
Nous habitons près du fleuve. ↔ *Wir wohnen in der Nähe des Flusses.*

la destination
[dɛstinasjɔ̃] **das Ziel**
Nous sommes enfin arrivés à destination ! ↔ *Endlich habe wir das Ziel erreicht!*

aller
[ale] **gehen**
Elles vont à Paris faire du shopping. ↔ *Sie gehen zum Shoppen nach Paris.*

venir
[v(ə)niʀ] **kommen**
Ils viennent vers nous. ↔ *Sie kommen auf uns zu.*

tourner
[tuʀne] **abbiegen**
A la station service tournez à droite. ↔ *An der Tankstelle rechts abbiegen.*

traverser
[tʀavɛʀse] **überqueren**
Pour venir chez nos amis il faut traverser le pont. ↔ *Man muss die Brücke überqueren, um zu unseren Freunden zu kommen.*

se perdre
[səpɛʀdʀ] **sich verlaufen**
Oh non ! On s'est encore perdus. ↔ *Oh nein! Wir haben uns schon wieder verlaufen.*

Zahlen

Zahlen und Mengen

le nombre
[nɔ̃bʀ] **die Zahl**
Pouvez-vous m'indiquer le nombre de personnes inscrites ? ↔ *Können Sie mir die Anzahl der angemeldeten Personen nennen?*

la quantité
[kɑ̃tite] **die Menge**
Il faut juste mettre une petite quantité d'huile dans la pâte. ↔ *Man muss nur eine geringe Menge Öl in den Teig geben.*

combien... ?
[kɔ̃bjɛ̃] **wie viel?**
Combien sont-ils ? ↔ *Wie viele sind sie?*

tous
[tus] **toutes** **alle**
Tous sont venus. ↔ *Sie sind alle gekommen.*

chaque
[ʃak] **jeder**
Chaque matin, c'est moi qui prépare le petit-déjeuner. ↔ *Jeden Morgen bin ich es, der/die das Frühstück macht.*

beaucoup
[boku] **viel**
Elle a beaucoup d'amis. ↔ *Sie hat viele Freunde.*

peu
[pø] **wenig**
Très peu de gens sont au courant. ↔ *Sehr wenige Leute sind informiert.*

plus
[ply] **mehr**
Le professeur voudrait que ses élèves participent plus au cours. ↔ *Der Lehrer will, dass seine Schülerinnen und Schüler mehr am Unterricht teilnehmen.*

moins
[mwɛ̃] **weniger**
Carole est moins compliquée que son frère. ↔ *Carole ist weniger kompliziert als ihr Bruder.*

rien
[ʀjɛ̃] **nichts**
Je n'ai rien trouvé. ↔ *Ich habe nichts gefunden.*

aucun
[okœ̃] **aucune** **kein(e), kein(e) einzige(r, s)**
Les élèves n'ont lu aucun des livres qui figurent sur la liste. ↔ *Die Schülerinnen und Schüler haben kein einziges der Bücher, die auf der Liste stehen, gelesen.*

la pièce
[pjɛs] **das Stück, das Teil**
Regarde dans leur catalogue de pièces détachées. ↔ *Sieh mal in ihrem Ersatzteile-Katalog nach!*

le chiffre
[ʃifʀ] **die Ziffer, die Zahl**
En France, les numéros de téléphone sont composés de 10 chiffres. ↔ *In Frankreich bestehen die Telefonnummern aus 10 Ziffern.*

la moitié
[mwatje] **die Hälfte**
Elle a déjà lu la moitié du livre qu'elle s'est acheté ce matin. ↔ *Sie hat schon die Hälfte des Buches gelesen, das sie sich heute Morgen gekauft hat.*

double
[dubl] **double doppelt**
J'ai besoin d'une double dose. ↔ *Ich brauche die doppelte Dosis.*

triple
[tʀipl] **triple dreifach**
Le médecin lui a prescrit la triple dose du médicament. ↔ *Der Arzt/die Ärztin hat ihm/ihr die dreifache Dosis verschrieben.*

zéro
[zeʀo] **0 null**

un
[œ̃] **1 eins**

deux
[dø] **2 zwei**

trois
[tʀwɑ] **3 drei**

quatre
[katʀ(ə)] **4 vier**

cinq
[sɛ̃k] **5 fünf**

six
[sis] **6 sechs**

sept
[sɛt] **7 sieben**

huit
[ˈɥit] **8 acht**

neuf
[nœf] **9 neun**

dix
[dis] **10 zehn**

onze
[ɔ̃z] **11 elf**

douze
[duz] **12 zwölf**

treize
[tʀɛz] **13 dreizehn**

quatorze
[katɔʀz] **14 vierzehn**

quinze
[kɛ̃z] **15 fünfzehn**

seize
[sɛz] **16 sechzehn**

dix-sept
[sɛz] **17 siebzehn**

dix-huit
[dizɥit] **18 achtzehn**

dix-neuf
[diznœf] **19 neunzehn**

vingt
[vɛ̃] **20 zwanzig**

vingt et un
[vɛ̃teœ̃] **21 einundzwanzig**

vingt-deux
[vɛ̃tdø] **22 zweiundzwanzig**

vingt-trois
[vɛ̃tʀwa] **23 dreiundzwanzig**

trente
[tʀɑ̃t] **30 dreißig**

quarante
[kaʀɑ̃t] **40 vierzig**

cinquante
[sɛ̃kɑ̃t] **50 fünfzig**

soixante
[sɛ̃kɑ̃t] **60 sechzig**

soixante-dix
[swasɑ̃tdis] **70 siebzig**

soixante et onze
[swasɑ̃t e ɔ̃z] **71 einundsiebzig**

soixante-douze
[swasɑ̃tduz] **72 zweiundsiebzig**

soixante-dix-neuf
[swasɑ̃tdisnœf] **79 neunundsiebzig**

quatre-vingts
[katʀvɛ̃] **80 achtzig**

quatre-vingt-un
[katʀvɛ̃tœ̃] **81 einundachtzig**

quatre-vingt-deux
[katʀvɛ̃tdø] **82 zweiundachtzig**

quatre-vingt-dix
[katʀvɛ̃tdis] **90 neunzig**

quatre-vingt-onze
[katʀvɛ̃tɔ̃z] **91 einundneunzig**

quatre-vingt-douze
[katʀvɛ̃tduz] **92 zweiundneunzig**

quatre-vingt-dix-neuf
[katʀvɛ̃tdisnœf] **99 neunundneunzig**

cent
[sɑ̃] **100 hundert**

cent un
[sɑ̃ œ̃] **101 hundert(und) eins**

cent deux
[sɑ̃ dø] **102 hundert(und) zwei**

deux cents
[dø sɑ̃s] **200 zweihundert**

mille
[mil] **1000 tausend**

deux mille
[dø mil] **2000 zweitausend**

dix mille
[dis mil] **10 000 zehntausend**

cent mille
[sɑ̃ mil] **100 000 hunderttausend**

un million
[œ̃ miljɔ̃] **1 000 000 eine Million**

un milliard
[œ̃ miljɔ̃] **1 000 000 000 eine Milliarde**

Maße und Gewichte

le kilo(gramme)
[kilɔgʀam] **das Kilogramm**
J'ai perdu deux kilos en une semaine. ↔ *Ich habe in einer Woche zwei Kilo abgenommen.*

le gramme
[gʀam] **das Gramm**
Je vais prendre 500 grammes de viande hachée. ↔ *Ich nehme 500 Gramm Hackfleisch.*

la tonne
[tɔn] **die Tonne**
Ce menhir pèse plus d'une tonne. ↔ *Der Menhir wiegt über eine Tonne.*

peser
[pəze] **wiegen**
Les légumes sont pesés à la caisse. ↔ *Das Gemüse wird an der Kasse gewogen.*

lourd
[luʀ] **lourde schwer**
Il est aussi lourd qu'un éléphant ! ↔ *Er ist so schwer wie ein Elefant!*

Il en fait toujours des tonnes. Er muss immer so übertreiben.

léger
[leʒe] **légère leicht**
Sylvain est léger comme une plume ! ↔ *Sylvain ist so leicht wie eine Feder!*

le litre (de)
[litʀ] **das, der Liter**
N'oublie pas d'acheter un litre de lait. ↔ *Vergiss nicht, einen Liter Milch zu kaufen.*

le volume
[vɔlym] **das Volumen**
Quel est le volume de la citerne d'eau ? ↔ *Welches Volumen hat der Wassertank?*

le mètre
[mɛtʀ] **der, das Meter**
La mairie se trouve à 200 mètres d'ici. ↔ *Das Rathaus befindet sich 200 Meter von hier entfernt.*

le kilomètre
[kilɔmɛtʀ] **der Kilometer**
Mes parents habitent à dix kilomètres de chez nous. ↔ *Meine Eltern wohnen zehn Kilometer von uns entfernt.*

la taille
[tɑj] **die Größe**
Quelle taille je fais ? 1,80 m ! ↔ *Welche Größe ich habe? 1,80 m!*

haut
['o] **haute hoch**
L'étagère est trop haute. ↔ *Das Regal ist zu hoch.*

la hauteur
['otœʀ] **die Höhe**
Quelle est la hauteur maximum ? ↔ *Was ist die maximale Höhe?*

bas
[bɑ] **basse tief**
Le lit est trop bas, je ne peux pas me relever. ↔ *Das Bett ist zu tief, ich kann nicht wieder aufstehen.*

grand
[gʀɑ̃] **grande groß**
Ils habitent une grande maison. ↔ *Sie wohnen in einem großen Haus.*

petit
[p(ə)ti, it] **petite** **klein**
Elle a de petits pieds. ↔ *Sie hat kleine Füße.*

long
[lɔ̃] **longue** **lang**
Regarde ses longues jambes ! ↔ *Schau mal ihre langen Beine!*

la longueur
[lɔ̃gœʀ] **die Länge**
La longueur des manches ne va pas. ↔ *Die Länge der Ärmel geht nicht.*

court
[kuʀ] **courte** **kurz**
Son pantalon est beaucoup trop court. ↔ *Seine Hose ist viel zu kurz.*

profond
[pʀɔfɔ̃] **profonde** **tief**
Le lac est très profond, on ne voit pas du tout le fond. ↔ *Dieser See ist sehr tief, man sieht gar keinen Grund.*

large
[laʀʒ] **large** **breit**
Ces pneus sont trop larges. ↔ *Diese Reifen sind zu breit.*

la largeur
[laʀʒœʀ] **die Breite**
La largeur de la commode est de 115 cm. ↔ *Die Breite der Kommode ist 115 cm.*

étroit
[etʀwa] **étroite** **schmal**
Le chemin était très étroit. ↔ *Der Weg war sehr schmal.*

la surface
[syʀfas] **die Fläche**
Quelle est la surface de l'appartement ? ↔ *Welche Fläche hat die Wohnung?*

Wort
für
Wort

Französisch

A

B

C

D

E

F

G

H

I

J

K

L

M

N

O

P

Q

R

S

T

U

V

Deutsch

B

G

L

M

N

O

P

Q

R

S

T